LES PROJECTIONS
ANIMÉES

MANUEL
PRATIQUE

à l'usage des
Directeurs de Cinéma
des Opérateurs
ET DE
toutes les personnes
QUI S'INTÉRESSENT
à la Cinématographie

PARIS
Edition du Courrier Cinématographique
28, Boulevard Saint-Denis, 28
Téléphone : NORD 56-33

Prix : 3 Francs

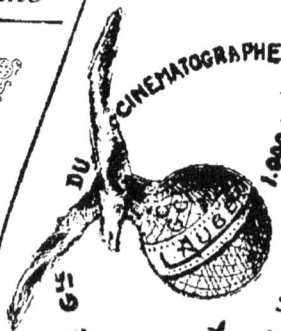

COSMOGRAPH

USINE :
9, Rue Mot, 9
FONTENAY-sous-BOIS (Seine)

BUREAUX :
7, Rue du Faubourg-Montmartre, 7
PARIS

FILMS DE VULGARISATION SCIENTIFIQUE
spéciaux pour l'Enseignement

Films E.D.B. de tous genres

Films fabriqués par le "Cosmograph"

	mètres	
L'Art de décorer une horloge (Documentaire)	90	
L'Industrie de la Plume d'Autruche	143	
Le Plâtre et son Industrie	137	
Le Furet (Zoologie)	80	
Le Bûcheron (Drame)	260	
Les Renards (Zoologie)	130	
Le Coati (Zoologie)	100	
Les Singes (Zoologie)	90	60
Poterie primitive et Normandie Pittoresque	120	
Industrie du Verre (Documentaire)	110	
Sauvetage en Mer (Côte Normande Pittoresque)	110	
Excursion aux Falaises de Jobourg (Côte Normande Pittoresque)	90	
La Porcelaine de Bayeux (Documentaire)	110	
La Pêche au Chalut en Mer	100	
Visite à un Jardin Zoologique	140	
Visite à un Jardin Zoologique	110	
Paris Pittoresque (Les Tuileries)	143	50
« « (Scènes de la Rue)	120	
Visite à un Jardin Zoologique	120	
Les Serpents et les Gros Lézards	135	
La Pieuvre (Océanographie)	120	
Les Silipes (Océanographie)	85	
La Seiche (Océanographie)	105	
Les Anémones de Mer (Océanographie)	90	
La Question des Balkans (Scènes à trucs)	97	50
La Grenouille qui veut se faire aussi grosse que le Bœuf (d'après la fable de LA FONTAINE)	120	
La Taupe (Zoologie)	95	
La Bande des Aigles (Grand Drame)	720	
Le Brochet (Zoologie)	98	
Le Rat de Ville et le Rat des Champs (LA FONTAINE)	100	
La Besace (d'après LA FONTAINE)	90	
Documents historiques sur Robert le Diable avec adaptation de Comédie, dans cadre pittoresque	280	

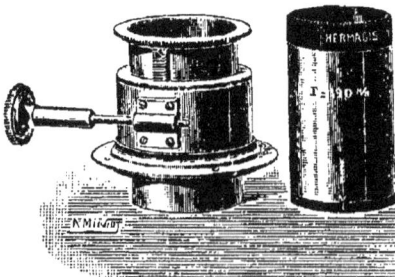

Société Générale

DE

CINÉMATOGRAPHIE

Société Anonyme au Capital de 1.000.000 de Francs

LE FILM D'ART

MARQUE DÉPOSÉE

PARIS	**NEUILLY = sur = SEINE**
5, Bd Montmartre	14, Rue Chauveau
Tél. : 139-36 — 163-07	Téléph. 574-54
Adresse Télégr. :	*Adresse Télégr. :*
MONOFILM - PARIS	**FILMART-NEUILLY s/Seine**

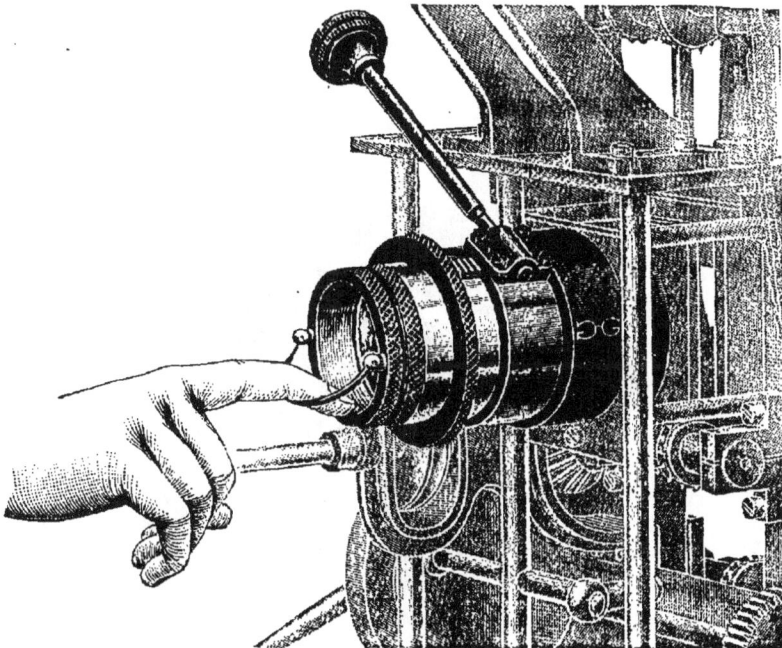

Les Projections Animées

~~~~~~~

MANUEL PRATIQUE

A L'USAGE DES

Directeurs de Cinéma, des Opérateurs et de toutes les personnes qui s'intéressent à la Cinématographie

❧ ❧ ❧

PARIS

Édition du Courrier Cinématographique

28, Boulevard Saint-Denis, 28

Téléphone . . . . . . { Direction : Nord 56.33.
{ Imprimerie : Central 66.64.
Adresse télégraphique : COURCINÉ-PARIS.

LE CINÉMATOGRAPHE

INTRODUCTION

L'historique du cinématographe a été écrit tant de fois et de façons si diverses, qu'il nous paraît superflu de le refaire ici.

Dans l'*Indicateur de la Photographie* de 1910 (¹), un de ceux qui connaissent le mieux la question, M. Michel Coissac, a traité de façon magistrale « de l'évolution de la Projection à travers les âges », et signalé les origines du cinéma, origine intimement liée à celles de la projection lumineuse.

Depuis le jour où les frères Lumière présentèrent à la Société de Physique de Paris le premier appareil destiné à la projection animée (mars 1895), que de trouvailles réalisées, que d'améliorations apportées à cette merveilleuse découverte! Chaque année, des brevets de toute nature sont inscrits par centaines au chapitre *cinématographique*. Il n'est pas une pièce qui n'ait été modifiée, pas un rouage qui n'ait tenté les fervents de la mécanique. On a corrigé les fâcheux tremblements, multiplié le rendement des obturateurs, la perfection de l'organisme. De plus en plus on recherche le film ininflammable et le film en couleur tient l'affiche dans plusieurs music-halls de Paris.

Grâce à des écrans spéciaux on donne en maints endroits des projections en salle éclairée; et à défaut de l'électricité, qu'on ne trouve pas encore partout, des sources lumineuses pratiques

(1) *Indicateur de Photographie*, in-8° de 524 pages, Paris, LANURE, édit.

et très puissantes sont à la portée des exploitants et des amateurs.

Bientôt viendra le cinéma stéréoscopique qui, réalisant à la
fois la couleur et le relief, restituera à nos yeux, par l'objectif,
les scènes telles que les perçoivent nos regards. Alors nous
aurons, non plus une sorte d'illusion de la vie dans ses mouvements, ses couleurs, ses lignes et ses ombres, mais la vie elle-
même, reproduite avec une intensité et une fidélité se rapprochant de la réalité. Pour aider davantage tant à la diffusion du
cinéma qu'à l'instruction des opérateurs. Faisant appel à un
groupe de techniciens de haute valeur, le Courrier Cinématographique croit utile de résumer, en quelques pages, le Code, le
Manuel de Cinématographie à l'usage de tous ceux qui vivent
ou se récréent du Cinéma, Directeurs professionnels de salles
de spectacle cinématographique, futurs Directeurs, opérateurs
ou simplement amateurs, persuadé qu'ils trouveront là tout ce
qu'il faut pour organiser une séance avec succès.

Nous passerons d'abord en revue les différents modèles
d'appareils projecteurs, à came et à croix de Malte, évitant tout
ce qui semblera trop technique et étudiant au contraire, dans
tous leurs détails, les organes principaux ; nous nous efforcerons
de faire ressortir les perfectionnements obtenus en ces derniers
temps, les mesures protectrices contre les incendies, volet de
sûreté, carters, cabine, dont l'emploi se généralise de plus en
plus. Après avoir traité de l'installation d'un poste complet, des
qualités de l'opérateur, des projections par transparence et par
réflexion, et des bruits de coulisse, nous terminerons par des
conseils pratiques sur la manière de diriger une séance de
cinéma. Trop heureux serons-nous si ce modeste travail rend
quelques services à tous ceux qui s'intéressent à notre industrie,
et aiguille du côté du film tous ceux que les images animées
n'avaient pas tentés jusqu'ici parce qu'ils les connaissaient mal.

Charles Le Fraper,
Directeur du *Courrier Cinématographique*.

PREMIÈRE PARTIE

CHAPITRE I

L'Exploitation Cinématographique

On ne s'improvise pas directeur de cinématographe; les responsabilités sont si grandes, si nombreux les prescriptions et règlements à observer, si importants les capitaux nécessités par une affaire de ce genre, que la plus élémentaire prudence impose de sérieuses réflexions préalables. L'exploitant qui crée un établissement, ou qui prend une succession parfois plus ou moins compromise, se demande si son entreprise réussira et s'il récupérera la somme que lui-même ou ses commanditaires vont y consacrer : c'est l'achat, la construction d'une salle, son aménagement plus ou moins luxueux, l'acquisition de l'appareil projecteur, de la cabine, des sièges et accessoires; c'est l'éclairage extérieur, l'opérateur, les musiciens, le bonisseur, les contrôleurs, employés divers, agents de police ou pompiers, qu'il faudra rétribuer, des impôts élevés à acquitter.... Il y a là de quoi en effrayer plus d'un!... Mais enfin, les objections sont tombées, les difficultés matérielles vaincues; il n'y a plus qu'à gérer le capital, c'est-à-dire administrer l'établissement.

Nous ne prétendons pas faire ici un cours d'administration, ni entrer dans les graves problèmes de l'édition ou de la location, ces questions ont été résolues par de plus compétents. Elles sont largement discutées dans les organes techniques entre lesquels *Le Courrier Cinématographique*, auquel revient l'initiative de publier ce volume, tient le premier rang. Chacun établit comme il l'entend son budget et son organisation générale, de même qu'il choisit ses collaborateurs et ses programmes. Nous dirons simplement aux exploitants, en guise de conseil : le budget d'une exploitation cinématographique devra être établi d'une façon méticuleuse, ne laissant place à aucune surprise; les prix d'entrée seront calculés rationnellement, en tenant compte des circonstances locales : il en sera de même de l'établissement du programme.

Les appareils. — Pour un exploitant, cette question semble trop souvent n'être qu'un détail; de là cependant dépend tout le succès. Nous l'avons constaté maintes fois; si l'on combine des salles pimpantes dans lesquelles ors et velours, tapis et lustrerie sont répandus à provision, on lésine généralement sur une dépense infime pour organiser la projection et ses accessoires avec toute l'importance que son rôle principal devrait lui faire octroyer. Le second appareil, complet, pourtant absolument nécessaire, définitivement installé et braqué sur l'écran, et prêt à rouler au moindre accroc n'existe presque nulle part, sinon dans quelques exploitations de Paris et des grandes villes.

En Angleterre et dans toute l'Amérique, pas un seul Cinéma ne fonctionne qui ne possède deux appareils travaillant alternativement. Mais il faut voir le souci qu'à l'opérateur d'obtenir une projection parfaite! on ne voit jamais de faux départ pour une vue souvent mal placée, parce que toujours à la hâte, et il s'ensuit que le film est bien conservé!

Celui qui, dans une exploitation de ce genre, a vu un opérateur habile changer ses bobines, a constaté que c'est un vrai tour de main et qu'il faut l'effectuer avec méthode; mais si l'on examine la même opération faite par un malhabile qui veut absolument aller aussi vite que possible, on entend le bruit des carters se mêler au bruissement caractéristique du film maltraité, en même temps que celui des jurons et des portières se refermant sur la malheureuse vue mal prise dans ses pauvres perforations. Le public observe tout cela; il s'en étonne d'abord, mais ne tarde pas à exprimer son mécontentement.

Les Films. — Tout d'abord quelle est l'origine de ce mot. *Film* est un mot anglais qui signifie *pellicule, membrane, tunique*. Nous l'avons pris comme nous avions déjà pris : *club, turf, racing, sport*, et maints autres vocables que recommande leur brièveté, ou encore l'illusion qu'ils nous donnent de connaître les langues étrangères (¹).

Le film est donc une pellicule spéciale recouverte d'une émulsion sensible destinée à recevoir l'image cinématographique. Pour être entraîné facilement, il doit être perforé de façon mathématique.

Au début, on se trouva très bien de la *perforation Lumière*, qui ne comportait qu'un trou par image; aujourd'hui, on ne connaît plus que la *perforation Edison*, à 4 trous, appelée aussi *universelle* (*fig.* 1).

Les perforations déterminant la place exacte des images, il serait désirable que les films fussent perforés par une machine uniforme. Il en va malheureusement tout autrement et la fixité de la projection s'en ressent. Soit que la forme des perforations

Fig. 1.

(1) Certains disent *une* film, probablement par analogie avec pellicule, qui est du féminin ; nous croyons qu'il y a là une erreur. Le mot anglais, comme tout substantif désignant un objet inanimé, est neutre. Or, il est de tradition que les substantifs neutres adoptent en français le masculin. A notre avis, il en va de même du mot *film*.

ne corresponde pas avec les dents des cylindres d'engrenage, soit que la machine à perforer manque de précision, les images vacillent, sautent et produisent une impression désagréable.

La perforeuse est donc un appareil de haute précision qui ne peut être fabriquée que par des spécialistes : parmi les plus appréciées, on cite la perforeuse Debrie qui a valu au célèbre constructeur parisien d'appareils de prise de vues, la grande médaille d'or à l'Exposition Internationale de Londres (1893).

La largeur, l'épaisseur du film manquent aussi quelquefois d'unité ; or tout cela se retrouve dans la projection. En théorie, le film doit mesurer 35 millimètres de largeur (34,8 exactement, d'après Pathé) ; mais les écarts de 2 et 3 millimètres ne sont pas rares, au grand désespoir des opérateurs. Les trous de perforation ont généralement $1^{mm},9 \times 2^{mm},9$. Quant à la surface occupée par l'image cinématographique, elle se place entre 24 et 25 millimètres de large, pour une hauteur de 18 à 19 millimètres.

L'épaisseur du film est plus variable encore ; il n'est pas rare de la voir passer de 11 à 13 et même 15 centièmes de millimètres.

On verra plus loin que si le film est plus étroit que les couloirs du dérouleur, — et en séchant, il se rétracte forcément, — l'image semble se déplacer latéralement sur l'écran ; si, au contraire, il est trop large, il forme frein sur les bords des couloirs, il gondole au point de donner une projection absolument floue et parfois même il refuse tout à fait de défiler.

Des dix ou douze morceaux composant quelquefois un programme, il y a des films français, italiens, américains, anglais, danois, etc., ayant chacun leur perforation propre. Or les appareils projecteurs ne peuvent se plier à de telles exigences, c'est pourquoi on a réalisé l'unité du film en vue de mettre fin à cet état de choses vraiment regrettable pour l'exploitant qu'on accuse toujours d'avoir un appareil défectueux.

Le programme. — Il y a quelques années encore, l'exploitant était tenu d'acheter les films, et le prix à peu près uniforme de $1^{fr}25$ par mètre ne pouvait être amorti qu'à la longue ; il en résultait des changements de programme plutôt rares. On voyait défiler sur l'écran des films complètement usés, balafrés, rayés et écorchés; le public s'en lassait et désertait l'établissement.

Aujourd'hui, la plupart des éditeurs de films, Pathé et Gaumont en tête, ont complètement supprimé la vente pour la location, organisée soit directement, soit par l'intermédiaire d'agences. Chacun paraît y trouver son compte, puisque les maisons d'édition s'agrandissent, se développent, se multiplient, que les loueurs (¹) voient leurs affaires prospérer et que les exploitants renouvellent leur programme toutes les semaines.

Il n'existe pas de règle immuable relativement à la location des films. Les prix varient suivant les loueurs et aussi suivant les sujets, et c'est justice : on comprendra facilement que certains films qui coûtent à leurs éditeurs des sommes d'argent considérables, ne puissent être loués aux mêmes conditions qu'un film de plein air exécuté dans les bois de Meudon ou la forêt de Fontainebleau, avec un nombre très restreint de personnages et une mise en scène toute simple.

Le mètre de film en 1re semaine d'édition est loué en principe 0fr,25 (ce prix est assez facilement dépassé pour les sujets de grande actualité ou d'intérêt exceptionnel); il est en 2e semaine de 0fr,15, en 3e et 4e de 0fr,10 pour tomber successivement à 0fr,08 0fr,07, 0fr,05, 0fr,04, 0fr,03 de la 5e à la 17e semaine de location. On compte ensuite une moyenne de 0fr,02 pendant les 25 semaines suivantes au bout desquelles les films ont généralement atteint la limite de leur carrière normale; ils ne sont plus alors loués qu'exceptionnellement.

Étant donné que dans l'exploitation courante, on considère que 2 000 mètres de films sont nécessaires pour constituer ce que l'on a coutume d'appeler « un programme hebdomadaire », il est facile de prévoir, d'après la recette, si l'on peut s'offrir des

(¹) Principaux loueurs de films Parisiens : Pathé, 104, rue de Paris, Vincennes. — Ciné-location Gaumont, 28, rue des Alouettes, Paris. — Compagnie Générale L. Aubert, 19, rue Richer, Paris. — Éclair-location, 12, rue Gaillon, Paris. — Maison Bonaz, 21, rue du faubourg du Temple, Paris. — Literaria-Film, 14, rue Favart, Paris. — Société Commerciale du film, 18, rue Favart. — Rouchy et Foucher, 31, boulevard Bonne-Nouvelle, Paris. — Société Internationale, 5, rue de Provence. — Union cinématographique, 34, rue Charles-Beaudelaire.

films de première semaine ou attendre que la nouveauté ait passé.

Choix du programme. — Aujourd'hui tout le monde va au cinéma. Pourquoi? Parce que, s'il faut en croire l'ancien préfet de police, M. Lépine, le cinématographe révèle les terres lointaines, ouvre l'inconnu et donne aux bons citoyens la notion des voyages où le génie d'aventure se livrera libre carrière.

Tout le monde va au cinématographe, écrit un journaliste parisien, parce que, grâce aux efforts soutenus et parfois difficiles des grandes maisons d'éditions, il n'est pas exclusivement un lieu de récréation pour la jeunesse et le gros public, mais aussi un instrument profond de diffusion et d'éducation artistique, et les intellectuels ne sont pas restés insensibles à ce but enfin atteint.

Personne ne niera la valeur historique, documentaire et artistique de certains films qui furent édités récemment.

Je ne veux pas passer ici en revue tout ce qui a été fait de beau, d'intéressant et d'instructif au cinématographe. Je rappelle que nos grands artistes n'hésitent plus à y jouer, certains, même, abandonnent le théâtre pour s'y consacrer entièrement. Nos auteurs eux-mêmes y collaborent assidûment. Grâce à la maison Pathé, n'avons-nous pas, en effet, la Société Cinématographique des Auteurs et Gens de Lettres, dirigée par deux écrivains connus : MM. Pierre Decourcelle et E. Gugenheim ; et la Société Éclair ne possède-t-elle pas son Association cinématographique des Auteurs Dramatiques? La maison Gaumont, en dehors de ses magnifiques phonoscènes, a édité des films sensationnels. L'exemple s'est étendu aux maisons étrangères qui éditent régulièrement de forts beaux films.

Certes, la production ne manque pas; beaucoup la trouvent trop abondante parce qu'elle rend le choix plus laborieux. Il faut reconnaître en effet, que l'élaboration d'un programme chaque semaine n'est pas le moindre souci des exploitants. Toutefois, grâce aux innovations du *Courrier Cinématographique* (¹), qui

(1) *Courrier cinématographique*, 28, boulevard Saint-Denis.

édite chaque semaine une feuille confidentielle de renseignement sur *la valeur des films* de la production mondiale, cette
tâche est de beaucoup simplifiée.

Au Congrès international cinématographique des 25, 26 et
27 mars 1912 organisé par le syndicat français des Directeurs de
Cinéma, M. Lépine disait : « Les Directeurs de Cinémas ne sont
pas des industriels ordinaires. Ils ont un rôle considérable à
jouer dans la Société; ce sont des éducateurs et des moralisa-
teurs. »

Concentrer l'utile et l'agréable, voilà ce qu'il importe de réaliser dans un spectacle cinématographique où tout le monde
peut aller. Déjà on s'ingénie à établir des scènes attrayantes
pour l'instruction et la morale, et capables d'être un repos de
bon aloi pour l'esprit; encourageons les éditeurs à persévérer
dans cette voie : il est grand temps de relever le cinématographe,
de le sauver, de l'orienter vers un plus noble but, d'en faire l'un
des plus efficaces moyens d'instruction et d'éducation, en en
faisant, non l'interprète vivant de basses pitreries, d'inconve-
nantes élucubrations, mais des superbes spectacles de la nature,
des belles pages de l'histoire, des travaux et des découvertes de
l'humanité.

Et puisque les sujets ne font pas défaut, veillons à varier notre
programme avec goût. Les vues sérieuses, documentaires, par
exemple, alterneront avec les sujets amusants; il est cependant
fâcheux de faire suivre un drame tragique d'une farce d'un
comique outré; une certaine gradation est à observer. Les
féeries et les objets en couleur, ou d'une durée plus longue,
seront bien placés en fin de parties, avant les entr'actes.

CHAPITRE II

~~~~~

Dispositions à prendre
pour l'ouverture
d'une salle de Spectacle cinématographique

~~~~~~~~~~~~

Beaucoup d'exploitants, animés cependant des intentions les meilleures, ignorent les règles à suivre pour la bonne organisation d'une salle de spectacle. Les instructions de police les ont codifiées en quelque sorte, aussi nous ne pouvons mieux faire que reproduire ici deux documents d'importance capitale, qui ne demandent pas une simple lecture, mais exigent une étude approfondie. D'abord, un extrait de l'Ordonnance de la Préfecture de la Seine en date du 10 août 1908; ensuite l'autorisation d'exploitation délivrée par la Préfecture de Police aux exploitants parisiens, documents tirés du *Courrier cinématographique*, qui publie régulièrement tout ce qui se rapporte à notre industrie. En s'y conformant, les impresarios seront à l'abri de tous risques professionnels et donneront à leur clientèle le plus grand maximum de garantie.

~~~~~~~

EXTRAIT de l'ordonnance
de la Préfecture de Police de Paris

———

Voici les principales prescriptions préfectorales contenues dans le dernier règlement décennal concernant les spectacles, promulgué le 10 août 1908.

(1) *Courrier cinématographique*. 28, boulevard Saint-Denis.

TITRE PREMIER

Dispositions générales.

CHAPITRE PREMIER

Formalités préliminaires.

ARTICLE PREMIER. — Toute personne qui voudra construire ou exploiter un établissement où seront donnés des spectacles (représentations théâtrales, cinématographes, concerts, exhibitions, bals, divertissements quelconques) comportant l'admission du public devra adresser une demande à la Préfecture de Police.

Exception est faite pour les théâtres visés par le décret du 6 janvier 1864, dont la construction et l'exploitation doivent faire l'objet d'une déclaration préalable, tant au Ministère de l'Instruction publique et des Beaux-Arts qu'à la Préfecture de Police.

ART. 2. — A la demande ou à la déclaration, devront être joints des plans détaillés, des coupes et élévations à l'échelle de 0 m., 02 pour un mètre. Ces plans indiqueront, par étages et par espèces, le nombre des places et la largeur des dégagements mis à la disposition du public. Ces plans seront fournis en triple expédition et seront signés.

Les intéressés devront, en outre, fournir les plans, notices. etc., relatifs à l'installation électrique de l'établissement. conformément au titre V de la présente ordonnance.

La Préfecture de Police notifiera aux intéressés l'acceptation ou le refus des plans. ou, s'il y a lieu, indiquera les modifications à y apporter.

ART. 3. — Les travaux ne devront être commencés qu'après approbation des plans définitifs et aucune modification ne devra être apportée en cours de construction, si elle ne Nous a été soumise et n'a été acceptée par Nous.

ART. 4. — Avant toute autorisation d'ouverture d'un établissement au public, il sera procédé à une visite de réception par la Préfecture de Police, qui s'assurera de la concordance des plans et de l'exécution et prescrira les modifications de détail reconnues nécessaires.

Art. 5. — Aucun changement ne pourra être apporté dans la construction et l'aménagement d'un établissement existant sans que ces modifications aient été acceptées par Nous. Pour ces modifications, les propriétaires ou les exploitants devront satisfaire aux formalités définies aux articles 2 et 3 ci-dessus.

TITRE VII
Dispositions spéciales aux cinématographes.

Art. 175. — L'appareil à projection sera placé dans une cabine construite en matériaux incombustibles. Cette cabine aura au moins une dimension de 1 m. 60 de longueur sur 1 m. 35 de largeur. Elle sera d'un accès facile et située de manière à ne pouvoir nuire à la sortie du public dans le cas où un commencement d'incendie surviendrait à l'intérieur.

Art. 176. — Les spectateurs ne pourront être placés à moins de 2 mètres de la cabine.

Art. 177. — La cabine sera aérée à l'aide d'une large ouverture ménagée dans le plafond et garnie d'une toile métallique à mailles fines. Chaque fois que cela sera possible, la ventilation devra être faite directement à l'extérieur.

Art. 178. — Les ouvertures pratiquées sur le devant de la cabine et servant au passage des rayons lumineux seront munies de volets métalliques se manœuvrant de l'extérieur.

Art. 179. — La porte de la cabine ne sera fermée qu'au loqueteau se manœuvrant des deux côtés.

Art. 180. — Il sera interposé, entre le condensateur de lumière et la pellicule, une cuve d'eau dont la contenance ne pourra être inférieure à un demi-litre; cette cuve sera en permanence remplie d'une solution absorbant les rayons caloriques (par exemple d'une solution d'alun dans l'eau distillée, d'un mélange d'eau et d'acide acétique, etc., etc.). Deux autres cuves semblables et remplies de l'une de ces solutions seront en réserve dans la cabine pour que l'opérateur puisse en changer fréquemment.

Art. 181. — L'appareil sera à enroulement automatique et les bandes seront renfermées dans deux boîtes métalliques dites « carters » de sûreté, à fermeture automatique.

Art. 182. — Il ne sera fait usage pour les projections que de la lumière électrique, sauf dérogation qui ne pourra être accordée que dans des cas exceptionnels.

Art. 183. — Le rhéostat sera monté soit sur un support métallique, soit sur un tableau de bois évidé.

Art. 184. — Les conducteurs d'amenée de courant devront avoir au minimum une section de un millimètre carré par ampère ; ils seront protégés par un fourreau isolant à leur pénétration dans la cabine. La partie souple aura la longueur strictement nécessaire au réglage de l'appareil ; cette partie des conducteurs devra être protégée par une gaine de cuir.

En aucun cas, les conducteurs d'arrivée ou de sortie de courant ne devront passer au-dessus ou à proximité du rhéostat.

Art. 185. — Les lampes mobiles et les fils souples sont interdits dans la cabine ; les conducteurs seront séparés et tendus sur des isolateurs.

Art. 186. — Le tableau de distribution situé dans la cabine sera muni d'un interrupteur bipolaire et d'un coupe-circuit sur chaque pôle. Les mêmes appareils de sûreté seront placés au départ des conducteurs allant à la cabine.

Art. 187. — Il sera placé, à la portée de la main de l'opérateur, un extincteur de cinq litres et deux siphons d'eau de seltz ; un seau plein d'eau sera placé à proximité de la cabine.

Art. 188. — Il n'y aura dans la cabine que la bande en service sur l'appareil ; les autres bandes seront renfermées dans des boîtes métalliques placées dans une resserre isolée du public et ventilée.

Art. 189. — Il sera interdit de fumer dans la cabine.

Art. 190. — Les groupes électrogènes et les moteurs à gaz ne pourront être placés sous les locaux affectés au public. Ils devront être installés dans des pièces suffisamment ventilées.

TITRE VIII
Mesures d'ordre et de police.

Commissions et sous-commissions.

ART. 196. — Une Commission supérieure des Théâtres sera chargée d'étudier les questions relatives aux théâtres, concerts ou établissements analogues, qui lui seront soumises par Nous et de donner son avis sur ces questions.

ART. 197. — Une Commission technique spéciale, dont les membres seront désignés par Nous après avis de la Commission supérieure des Théâtres, aura pour mission d'étudier les questions d'éclairage et d'examiner si les prescriptions de la présente ordonnance relatives à l'éclairage des établissements de spectacle sont observées.

ART. 198. — A des époques rapprochées, une Sous-Commission, par Nous constituée, visitera chaque établissement.

Ces visites auront pour objet :

1° De vérifier si les prescriptions de la présente ordonnance sont observées, et notamment si tous les appareils de secours contre l'incendie fonctionnent régulièrement ;

2° De signaler les améliorations qu'il pourrait y avoir lieu d'apporter aux dispositions ou à l'aménagement de l'établissement, et les modifications qui auraient pu y être apportées sans notre autorisation préalable.

A l'issue de chaque visite, il sera dressé un procès-verbal qui sera transmis à l'Administration à telles fins que de droit.

ART. 199. — Les membres de la Commission supérieure des Théâtres, sur la présentation de la carte qui leur est délivrée par Nous, et les membres de la Sous-Commission locale auront accès dans chaque établissement à toute heure, et devront être mis à même d'y exercer la surveillance qu'ils jugeront utile.

CHAPITRE III
Police des représentations.

Art. 206. — Les services de police seront déterminés suivant l'importance de l'établissement.

Des locaux convenablement installés seront mis à la disposition de ces services.

Art. 207. — Un commissaire de police sera chargé de la surveillance générale pendant les représentations dans les établissements où cela sera jugé nécessaire ; une place convenable lui sera assignée dans l'intérieur de la salle.

Art. 208. — Des agents ou des gardes, rétribués par l'établissement, seront placés à l'intérieur, au foyer ou sur certains points déterminés, en vue de tenir la main au maintien de l'ordre et à l'exécution des consignes spéciales.

La garde de police assurera également le maintien de l'ordre public et la libre circulation au dehors de l'établissement.

Art. 209. — Lorsqu'une matinée ou une répétition générale devra être donnée dans un établissement, le directeur ou l'organisateur devra en aviser la Préfecture de Police trois jours au moins à l'avance, afin que les mesures d'ordre et de sûreté habituelles puissent être prises.

Art. 210. — En cas de relâche, fermeture ou réouverture, avis devra être donné, en temps utile, à la Préfecture de Police. Lorsque la durée de la fermeture sera de plus d'un mois, avis de la réouverture devra être donné quinze jours au moins à l'avance.

Art. 211. — Dans le cas où le service d'ordre et de sûreté se serait rendu dans un établissement à l'occasion d'une représentation qui, bien qu'annoncée à l'avance, n'aurait pas eu lieu, ce service devra être rétribué comme d'usage.

Art. 212. — La salle devra être livrée au public et la représentation commencera aux heures indiquées par l'affiche

Les bureaux de distribution de billets devront être ouverts au moins une demi-heure avant le lever du rideau.

Art. 213. — Il est défendu d'introduire des spectateurs dans la salle avant l'ouverture des bureaux et par d'autres portes que celles affectées au public.

Les files d'attente des spectateurs seront établies de manière à ne pas gêner la circulation et à permettre la vérification des billets.

Art. 214. — L'autorisation donnée à un établissement sera retirée en cas d'atteinte à la morale ou à l'ordre public.

. . . .

Art. 218. — Il est interdit de fumer dans l'intérieur des établissements, sauf autorisation spéciale accordée à tel établissement pour telle partie des locaux.

Art. 219. — Dans tout établissement où des consommations seront servies, le tarif en devra être affiché à l'intérieur dans un lieu apparent.

Art. 220. — Il est défendu de troubler systématiquement la représentation ou d'empêcher les spectateurs de voir ou d'entendre le spectacle, de quelque manière que ce soit.

Toute personne, notamment, dont le chapeau serait un obstacle à la vue des spectateurs placés derrière elle, sera tenue d'obtempérer à toute réquisition en vue de faire cesser le trouble qu'elle aura occasionné.

. . . .

Art. 222. — Les objets perdus par le public et trouvés dans l'intérieur des salles de spectacle devront être déposés le lendemain au bureau du commissariat du quartier où est situé l'établissement.

Art. 223. — Les couloirs et les passages ménagés pour la circulation devront rester entièrement libres pendant la représentation. — Il sera défendu d'y stationner.

Art. 224. — La manœuvre du rideau de fer, dans les établissements de première catégorie, devra être faite en présence du public, au début de chaque représentation.

Art. 225. — Il est expressément défendu aux directeurs de faire cesser l'éclairage de la salle ou de ses dépendances avan l'entière évacuation du public.

Il leur est également interdit de faire cesser l'éclairage dans les dépendances de l'établissement avant l'évacuation complète du personnel.

Art. 226. — L'heure de clôture des représentations est fixée à minuit et demi en tout temps, sauf autorisation spéciale.

CHAPITRE IV

Service médical.

Art. 227. — Dans chaque établissement de la première catégorie et dans tout établissement des autres catégories pouvant recevoir plus de huit cents spectateurs, il y aura un service médical. Le médecin de service devra, à première réquisition, donner sur place ses soins tant aux spectateurs qu'au personnel de l'établissement.

Un cabinet, convenablement installé, sera aménagé pour le service médical.

Art. 228. — Les médecins, choisis par le directeur, devront être agréés par la Préfecture de Police, hormis les médecins des théâtres nationaux, qui sont nommés par le Ministre de l'Instruction publique et des Beaux-Arts.

Art. 229. — Le directeur devra donner connaissance à la Préfecture de Police de la façon dont le service médical sera assuré et réglé.

Art. 230. — Ce service devra être organisé de manière à ce qu'il y ait constamment un médecin présent dans l'établissement, depuis le commencement jusqu'à la fin de toutes les représentations ou répétitions générales.

Art. 231. — Le médecin de service, empêché, pour une raison quelconque, de se rendre à la représentation, devra immédiatement prévenir la direction de l'établissement qui prendra les mesures nécessaires pour le faire remplacer par un autre médecin.

Art. 232. — Tout médecin qui fera preuve de négligence ou d'inexactitude dans son service devra être rayé de la liste des médecins de l'établissement et remplacé par les soins du directeur dans les conditions prévues par l'article 229 ci-dessus.

ART. 253. — Une boîte de secours sera placée dans le cabinet du médecin. Cette boîte de secours sera composée de façon à répondre aux besoins les plus urgents et portera sur le couvercle la nomenclature des médicaments et objets qui y seront contenus. Le médecin de service devra veiller à ce que les instruments soient toujours en bon état et que les médicaments ne soient pas altérés.

AUTORISATION D'EXPLOITATION
d'une Salle de Spectacle cinématographique à Paris

RÉPUBLIQUE FRANÇAISE. — PRÉFECTURE DE POLICE

CABINET. — 2ᵉ Bureau. — 1ʳᵉ Section. — Nᵒ du Dossier .
CINÉMATOGRAPHE. — Établissement de ...ᵉ catégorie.

Nous, Préfet de police,

Vu la loi du 16-24 août 1790, l'arrêté du Gouvernement du 12 messidor an VIII, les ordonnances de police du 31 mai 1853 et du 10 août 1908 ;

Vu la demande de M. X... tendant à obtenir l'autorisation de donner des séances de cinématographe dans son établissement,

Arrêtons :

ARTICLE PREMIER. — M. X... est autorisé à donner des séances de cinématographe dans son établissement tous les soirs et les jeudis, dimanches et fêtes en matinée, durant un an, sous réserve de l'observation des conditions ci-après et de toutes autres prescriptions édictées par l'ordonnance de police du 10 août 1908 à l'égard des établissements de ...ᵉ catégorie et des cinématographes :

1° Acquitter le droit des indigents et donner aux représentants de l'Assistance publique les facilités que cette administration jugera nécessaires pour la vérification efficace de la recette ;

2° Rétribuer le service d'ordre et de police, soit 1 fr. 50 par agent en matinée et 2 francs en soirée ;

3° Limiter à ... le nombre des spectateurs ;

4° Ne déposer et ne laisser séjourner dans les escaliers, couloirs, dégagements et aux abords des sorties aucun objet pouvant gêner la circulation ; entre autres les chaises, dans les couloirs et allées, sont formellement interdites ;

5° Ne jamais fermer à clef pendant la présence du public et rendre facilement ouvrantes toutes les portes de sorties se développant vers l'extérieur ; tenir complètement ouvertes, vantaux accrochés, celles de ces portes qui, exceptionnellement, se développaient vers l'extérieur ;

6° N'employer pour l'éclairage que des appareils fixes, à l'exclusion absolue des lampes alimentées par les huiles minérales, le pétrole, l'essence, l'alcool et les hydrocarbures ;

7° Tenir constamment allumées, depuis l'entrée du public jusqu'à sa sortie, les lampes de secours qui, conformément aux articles 150 et suivants de l'ordonnance de police du 10 août 1908, devront être placées en nombre suffisant dans toutes les parties de l'établissement, et notamment près des directions et portes de sorties ;

8° N'apporter à l'installation aucune modification qui n'ait été au préalable approuvée par notre administration ;

9° Ne faire usage, pour les projections, que de la lumière électrique, sauf autorisation spéciale ;

10° Placer l'appareil à projection du côté opposé à la sortie dans une cabine construite en matériaux incombustibles (portes, fenêtres et parquets recouverts de tôle) ;

11° Ne pas placer de spectateurs à moins de deux mètres de la cabine ;

12° Aérer la cabine à l'aide d'une large ouverture ménagée dans le plafond et garnie d'une toile métallique à mailles fines ;

13° Munir les ouvertures pratiquées sur le devant de la cabine et servant au passage des rayons lumineux, de volets métalliques se manœuvrant de l'extérieur ;

14° Ne fermer la porte de la cabine qu'au loqueteau se manœuvrant des deux côtés ;

15° Interposer entre le condensateur et la pellicule une cuve d'eau dont la contenance ne pourra être inférieure à un demi-litre (cette cuve sera en permanence remplie d'une solution absorbant les rayons caloriques, par exemple d'une solution d'alun dans l'eau distillée, d'un mélange d'eau et d'acide acétique, etc., etc.) et tenir en réserve deux autres cuves d'eau semblables et remplies de l'une de ces solutions pour que l'opérateur puisse en changer fréquemment ;

16° N'employer qu'un appareil à enroulement automatique et renfermer les bandes dans deux boîtes métalliques dites carters de sûreté à fermeture automatique absolument indispensables ;

17° Monter le rhéostat soit sur un support métallique, soit sur un tableau de bois évidé ;

18° N'employer que des conducteurs d'amenée de courant ayant au minimum une section de *un millimètre carré par ampère* (ces conducteurs devront être protégés par un fourreau isolant (tuyau caoutchouc) à leur pénétration dans la cabine ; la partie souple devra avoir la longueur strictement nécessaire au réglage de l'appareil, cette partie des conducteurs devra être protégée par une gaine de cuir ; en aucun cas, les conducteurs d'arrivée et de sortie de courant ne devront passer au-dessus du rhéostat ni de la lanterne ;

19° Ne pas faire usage de lampes mobiles ni de fils souples dans la cabine ;

20° Séparer les conducteurs et les tendre sur des isolateurs ;

21° Munir le tableau de distribution situé dans la cabine d'un interrupteur bi-polaire et d'un coupe-circuit sur chaque pôle et placer les mêmes appareils de sûreté au départ des conducteurs allant à la cabine ;

22° Mettre à la portée de la main de l'opérateur un extincteur de cinq litres, et deux siphons d'eau de seltz ;

25° Placer un seau plein d'eau à proximité de la cabine ;

24° N'avoir dans la cabine que la bande en service sur l'appareil et renfermer les autres bandes dans des boîtes métalliques placées dans une resserre isolée du public et ventilée;

25° Interdire de fumer dans la cabine ;

26° Installer l'orchestre de telle sorte que le bruit de la musique ne puisse être entendu du dehors ;

27° Ne faire exécuter aucune œuvre musicale tombée dans le domaine public, à moins de s'être pourvu au préalable du consentement des compositeurs ;

28° Ne laisser ni danser ni chanter sans une autorisation spéciale ;

29° Ne laisser faire aucune quête ;

50° Ne représenter *aucune scène susceptible de porter atteinte à la morale ou à l'ordre public;*

51° Ne prêter ou ne sous-louer la salle à qui que ce soit, serait-ce pour une seule séance, sans en donner avis à la Préfecture de police au moins huit jours à l'avance;

52° Terminer les séances à minuit et demie au plus tard ;

55° Donner avis, en temps utile, à la Préfecture de police, des relâche, fermeture ou réouverture, ainsi que de toute représentation donnée en dehors des jours sus-indiqués;

54° N'employer aucun moyen de chauffage à moins d'une autorisation spéciale.

Art. 2. — La présente autorisation est personnelle et incessible. Elle sera retirée en cas d'inobservation d'une ou de plusieurs des conditions sus-énoncées, sans préjudice des poursuites judiciaires qui pourraient être exercées pour contravention aux lois et règlements.

Art. 5. — Ampliation du présent arrêté sera transmise à M. le Commissaire de police d..... qui le notifiera et sera chargé d'en surveiller l'exécution.

Fait à Paris, le .....

Pour ampliation :
Le Directeur du Cabinet,
Yves Durand.

Le Préfet de police,
Louis Lépine.

Organisations Cinématographiques françaises.

Chambre Syndicale Française de la Cinématographie, 54, rue Etienne-Marcel, Paris.

Syndicat Français des Directeurs de Cinémas, 199, rue Saint-Martin, Paris. (1037-39).

Syndicats des Loueurs et Exploitants de films Cinématographiques et des Industries qui s'y rattachent pour le Nord et le Pas-de-Calais. Siège social, 39, rue de Tournai, Lille.

Fédération Internationale de la Cinématographie. Siège social provisoire : 199, rue Saint-Martin, à Paris, France.

Syndicat des Exploitants de la Côte d'Azur, 3, rue Paganini, Nice.

Syndicat des Exploitants du Sud-Est, 59, rue de l'Arbre, Marseille.

Syndicat de la Presse Cinématographique, 19, boulevard Saint-Denis, Paris.

DEUXIÈME PARTIE

CHAPITRE I

Appareils projecteurs

Appareils à griffes. — Appareils à croix de Malte. — Appareils à came.

Depuis le cinématographe Lumière, construit spécialement pour projeter les films à perforation universelle, nombreux sont les appareils qui ont vu le jour, tant en France qu'à l'étranger. Les mieux cotés jusqu'à présent sont les appareils Pathé, Gaumont, Lumière, Bonne Presse, Demaria, Guilbert, Ernemann. Nous n'entreprendrons pas d'en faire une revue complète : notre rôle se bornera à signaler les perfectionnements importants apportés par des constructeurs intelligents et pratiques dans la fabrication des appareils cinématographiques, dans le système de traction du film, et dans l'obturation notamment. Et parmi ces pionniers, ces novateurs, nous citerons M. Léar, ancien opérateur de Pirou, qui, dès 1896, construisait pour la Maison de la Bonne Presse un appareil qui fit rapidement ses preuves et obtint un légitime succès.

Cet hommage rendu à un précurseur modeste qui ne devait

pas longtemps profiter des mérites de son invention, nous allons décrire sommairement le principe de plusieurs appareils projecteurs, qui se sont imposés à l'attention du monde cinématographique.

Comme dans les appareils affectés plus particulièrement à la

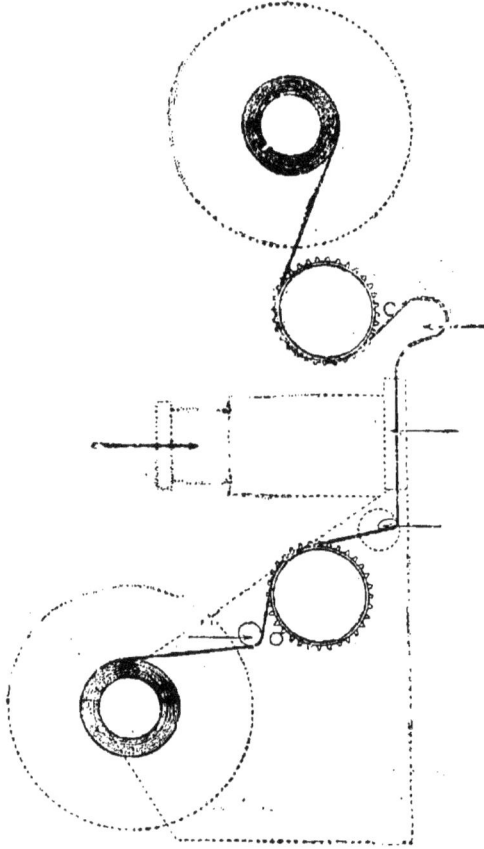

Fig. 2.

prise des vues, nous aurons à distinguer ici les *appareils à griffes*, les *appareils à came* et les *appareils à croix de Malte*.

Mais auparavant, il nous semble nécessaire d'indiquer une marche générale des appareils de projection.

La pellicule cinématographique ou film, que l'opérateur s'apprête à projeter, est toujours placée au-dessus de l'appareil, sur une bobine porte-pellicule mobile autour d'un axe (*fig.* 2). De là, cette pellicule va passer sur un rouleau entraîneur qui l'amène d'une façon continue devant la fenêtre de l'appareil d'où elle sera projetée sur l'écran. Elle est ensuite tirée soit par des griffes, soit par le tambour denté accompagné d'une croix de Malte. Ainsi que nous l'expliquerons plus loin, cette croix de Malte imprime à la pellicule son mouvement saccadé pour l'amener, image par image, devant la fenêtre.

Enfin, un dernier rouleau denté débiteur amène la pellicule à la bobine enrouleuse ou réceptrice.

A. — Appareils à griffes.

Parmi les cinématographes d'exploitation dont il convient de dire beaucoup de bien, se place le modèle Lumière, transformé de façon très heureuse par la Compagnie générale des cinématographes et phonographes (anciens établissements Pathé frères), appareil tombé aujourd'hui dans le domaine public.

Décrire le premier cinématographe exhibé en public dans les sous-sols du grand Café de Paris, nous mènerait trop loin; constatons simplement que dans les appareils projecteurs, aussi bien que dans les appareils de prise, le modèle Lumière apparaît toujours comme un prototype, et c'est sans doute la raison qui lui valut d'être si souvent contrefait. L'appel du film est fait par une griffe qui s'avance, vient se piquer dans la perforation, descend et entraîne la bande, puis se retire, remonte, et s'avance de nouveau pour se piquer encore, redescendre, etc. Ce système d'entraînement semble au premier abord assurer une grande régularité d'appel de la bande; de fait, quand on a des bandes neuves aux perforations impeccables, l'appareil à griffes donne une image très fixe (il est bien entendu, une fois pour toutes, que nous ne parlons pas ici du scintillement, qui dépend exclusivement de l'obturation, mais que nous entendons uniquement la fixité du cadre ou celle de l'image entière).

Mais, hélas! les bandes neuves, aux perforations impeccables, ne sont que le privilège de quelques-uns; l'exploitation du cinématographe se fait de plus en plus avec des bandes louées, et si les premières semaines, elles sont irréprochables, il n'en est plus ainsi après de longs mois, et les amateurs, les directeurs de petites exploitations, doivent se contenter bien souvent de bandes aux perforations plus ou moins abîmées, parfois détruites en certains endroits. Or, quand la perforation est non pas entièrement détruite, mais simplement rendue irrégulière par l'usure, la bande ne se présentant plus juste à son point normal (au point perforé) devant la griffe, celle-ci pique la bande dans la partie pleine, et l'opération se renouvelle jusqu'à la trouer, la déchirer et arrêter la séance. C'est là, on le voit, un vrai désastre, aussi s'explique-t-on facilement que les exploitants qui doivent travailler avec des bandes usagées abandonnent la griffe pour la laisser aux privilégiés, aux grandes exploitations qui ont toujours à leur disposition des bandes neuves à perforations impeccables.

Sans compter que l'appareil à griffes demande plus d'obturation et absorbe plus de lumière que les autres systèmes. En effet, la descente de l'image exige un temps relativement long; une descente trop brusque risquerait de déchirer la perforation dont l'appareil ne prend qu'un trou à la fois. D'autre part, il faut qu'il y ait proportion exacte entre la descente de l'image et le degré d'obturation qui doit couvrir cette descente.

Voici, emprunté à *La Théorie et la pratique des Projections* (¹), la description de l'appareil Lumière transformé, avec l'indication des lacunes qui ont été comblées pour en faire un appareil simple et facile à manier.

1° Dans le projecteur de Lumière (*fig.* 3), la manivelle se

(1) G.-MICHEL COISSAC, *La Théorie et la Pratique des Projections*, 1 vol. in-8 de 750 pages. Maison de la Bonne Presse, Paris.

trouvant à gauche de l'appareil, l'opérateur était obligé de se placer du même côté. De ce fait, il tournait le dos à la lanterne et, par suite, ne pouvait régler lui-même son point lumineux ; une deuxième personne était donc nécessaire. L'adjonction d'un

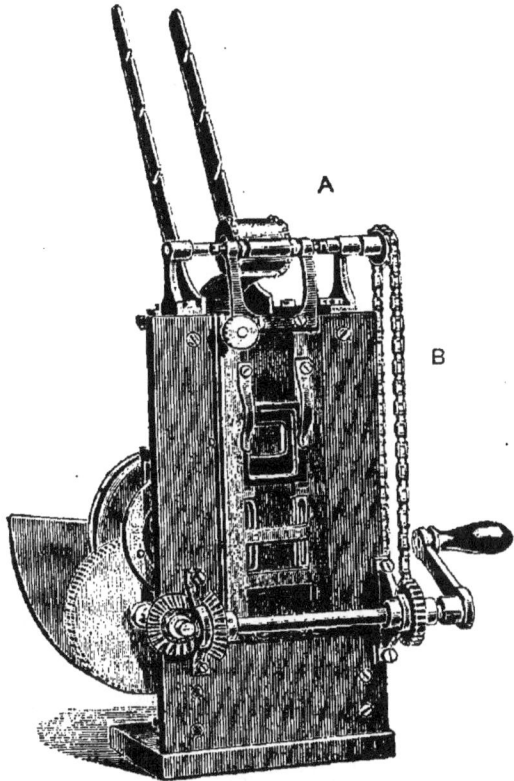

FIG. 3.   FIG. 4.

arbre horizontal faisant mouvoir le mécanisme au moyen d'un engrenage d'angle reporte la manivelle sur le côté droit de l'appareil (*fig.* 4) et permet ainsi à l'opérateur de surveiller et de régler seul son point lumineux de la main gauche.

2° L'action des griffes opérant directement sur le rouleau de pellicule, il n'était guère possible de projeter des bandes de plus de 20 mètres, la force d'inertie opposée par le poids du rouleau faisant redouter un arrachement des perforations.

Il a été ajouté, en haut de l'appareil, un tambour denté débiteur A, mû par une chaîne de Galle B. De cette manière, l'action des griffes ne s'étend plus que sur quelques centimètres de bande, ce qui permet de projeter des scènes de 300 mètres, sans crainte d'arrachement.

3° L'excès de frottement de la bande dans le couloir occasionnait, au bout d'un service relativement court, des rayures sur toute la longueur de la bande. On y a obvié en remplaçant la glace par un cadre en acier, évidé à la place de l'image, et en substituant au velours deux glissières en acier poli, de sorte que la pellicule, n'étant maintenue que sur les côtés où se trouve la perforation, peut passer impunément un nombre infini de fois, tout en conservant toujours sa fraîcheur et cela sans crainte de rayures.

4° Enfin l'adjonction d'une poulie à l'arbre de commande permet, si on le désire, d'actionner l'appareil au moyen d'un petit moteur électrique. L'opérateur, ainsi dégagé de tout soin mécanique, peut à son aise s'occuper de la surveillance de son poste et parer au moindre accident.

L'obturateur est placé devant l'objectif à monture universelle, ce qui permet d'employer des tubes objectifs de différents foyers, tandis que dans le modèle-type de *Lumière* l'obturateur passe entre la pellicule et l'objectif, ce qui rend impossible l'utilisation des objectifs à court foyer.

La charge de cet appareil s'opère de la façon suivante :

1° Placer le rouleau ou la bobine à l'aide d'un axe en cuivre sur la potence munie de crans qui se trouve dans le haut de l'appareil ;

2° Ouvrir la porte ;

3° Engrener la pellicule sur le tambour denté A en ayant soin de faire une boucle de quelques centimètres en dessous du tambour, entre celui-ci et l'entrée du couloir ;

4° Faire descendre la bande le long du couloir ;

5° Refermer la porte après s'être assuré que, d'une part, la perforation est bien engagée dans la denture du tambour et que, d'autre part, la griffe d'entraînement a bien pénétré dans la perforation;

6° Après avoir fait descendre la bande de deux ou trois images à l'aide de la manivelle, afin de s'assurer du bon fonctionnement du mécanisme, encadrer le sujet en faisant mouvoir la fenêtre mobile au moyen du levier placé à droite de l'appareil en ayant soin de dévisser le bouton d'arrêt pour faire agir le levier et le revisser ensuite pour fixer ce dernier.

Pour la projection du sujet il ne reste plus qu'à procéder au déroulement du film soit en tournant très régulièrement la manivelle à la main, soit en actionnant le mécanisme par un petit moteur.

La régularité dans la rotation de la manivelle est indispensable pour que l'animation du tableau projeté se présente avec la plus grande vraisemblance possible et sans fatiguer l'œil de l'opérateur.

On estime que, pour la bonne tenue d'un tableau mouvementé, une bande de 20 mètres doit être déroulée entre 40 et 45 secondes. Toutefois il peut y avoir des exceptions; la pratique demeure donc le meilleur guide pour régler le mouvement de la manivelle.

B. — Appareils à came.

Si l'on s'en tenait à la date des brevets, la priorité reviendrait aux appareils à came. C'est dans l'appareil Demeny, décrit dans un brevet du 10 octobre 1893 et annexés, que l'entraînement de la pellicule est, pour la première fois, réalisé au moyen d'une came excentrique placée dans le circuit de la pellicule, et le mouvement intermittent est obtenu au moyen d'organes dotés d'un mouvement continu de rotation. Au début de la cinémato-

graphie, ces conditions faisaient de l'appareil Demeny une nouveauté et une machine excellente qui tenta plus d'un contre-
facteur et, qui, construit dès avant 1895, par les Établissements
Gaumont, concessionnaires du brevet, fut longtemps exploité
par cette importante maison.

La came consiste en un battant A tournant autour d'un
centre O, lequel vient frapper la pellicule à chaque tour.

On conçoit que si la pellicule est maintenue par un rouleau

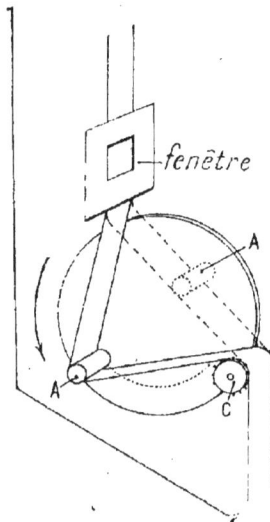

fenêtre

Fig. 5.

denté d'un côté, elle sera obligée d'avancer du côté libre, c'est-
à-dire du côté de la fenêtre.

Chaque fois que la pellicule a été entraînée (position du battant A), le rouleau débiteur C l'entraîne pendant que le battant
A remonte à la position A'. A ce moment le battant A', en continuant son chemin de A' en A, entraîne à nouveau la pellicule
d'une quantité calculée pour être égale au déplacement d'une
image, et ainsi se continue l'avancement de la pellicule dans la
fenêtre de l'appareil.

La figure 6 nous montre le « Chrono » de Gaumont pour

professionnels, qui utilise, pour la traction directe des bandes, *une came excentrée et évidée* qui vient frapper sur la boucle

Fig. 6.

formée avant le tambour débiteur, et par son frottement l'entraîne de la longueur voulue.

Ce mode d'entraînement semble *a priori* donner une grande régularité dans l'appel, mais il nous met à la merci de la bande elle-même. Si donc la bande est bien souple, si elle est neuve, exempte de tout collage, c'est parfait, l'appel se fait régulièrement. Mais si l'on prend une bande sèche, froissée, collée à divers endroits, la came appelle plus fort les endroits plissés ou collés qui lui font résistance, et même si le pli ou le collage est trop épais, la came tire si violemment le film qu'elle le déchire.

L'entraînement à came n'est donc guère plus pratique pour l'exploitant que l'entraînement à griffes.

Cet appareil, entièrement en métal oxydé, est mû à la main par une manivelle indépendante permettant la manœuvre des deux côtés. L'obturateur est en mica recouvert de papier calque.

Un autre cinématographe bien connu des professionnels emprunte également la came Demeny, grâce à une licence obtenue du concessionnaire : c'est l'appareil « Urban-Bioscope ». Nous n'avons pas à décrire ce modèle qui n'offre rien de particulier, en dehors de sa construction irréprochable et de son apparence élégante; nous pourrions peut-être lui reprocher d'être un peu compliqué en ce qui touche le placement de la pellicule. Ce défaut ne semble pas avoir été remarqué par les Anglais qui en ont fait leur modèle national, à tel point que malgré les efforts des constructeurs, aucun autre appareil n'avait pu, avant 1909 ou 1910, être introduit chez nos excellents voisins d'outre-Manche.

C. — Appareils à croix de Malte.

On a donné le nom de croix de Malte à l'organe utilisé dans ces sortes d'appareils, pour l'entraînement du film, parce qu'il affecte la forme de la croix que les chevaliers de Malte portaient sur leur manteau ou leur justaucorps, et dont les quatre branches sont égales entre elles comme celles de la croix grecque.

Les appareils dits à croix de Malte sont, à beaucoup près, les plus répandus, pour la raison que le principe étant dans le

domaine public, n'est assujetti à aucun brevet et peut être
fabriqué par tout le monde. Ils ont aujourd'hui les préférences
des amateurs et des exploitants parce qu'ils permettent de
projeter les bandes jusqu'à l'usure la plus complète et quel que
soit l'état des perforations, pourvu qu'il en reste une sur quatre.

Le principe mécanique utilisé pour l'entraînement des films

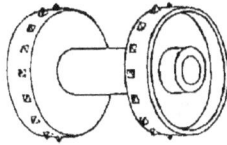

Fig. 7.

diffère donc essentiellement des systèmes précédents. Ce ne
sont plus ici des griffes qui entraînent la pellicule en pénétrant
dans deux trous de la perforation, mais un rouleau ou cylindre
denté (*fig.* 7), animé d'une vitesse rigoureusement sinusoïdale

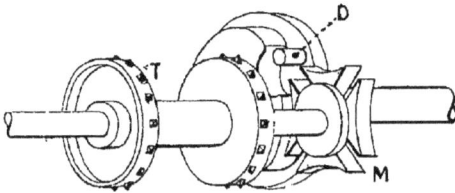

Fig. 8.
Mécanisme d'entraînement à croix de Malte.

et entraînant le film *par adhérence* en agissant sur les bords, de
la hauteur d'une image entière, c'est-à-dire sur huit perforations
à la fois. On comprend aisément les effets de cette répartition
de l'effort : une fatigue moindre du film et même sa conservation parfaite.

Pour toutes ces raisons et beaucoup d'autres dont l'énuméra-
tion serait trop longue, l'appareil à croix de Malte est devenu
pour ainsi dire le type classique. Il faut savoir, en effet, que si

les divisions du rouleau denté sont parfaitement exactes et si ce rouleau est mû par une croix de Malte à angles absolument identiques, sérieusement rectifiés, l'appel de la bande se fait d'une manière très sûre et très régulière ; partant, la projection est d'une grande fixité.

Considérons le projecteur Pathé, représenté par la figure 9, comme le modèle type des appareils à croix de Malte et efforçons-nous d'en montrer le fonctionnement en justifiant l'emploi de tous les organes moteurs.

Corps de l'appareil. — L'appareil se compose d'une platine verticale en cuivre ou en fonte, fixée sur un socle rectangulaire et portant à la partie supérieure une console reliée au socle par trois colonnes métalliques, constituant ainsi un bloc rigide.

Dans la partie arrière de la platine, est fraisée une rainure qui constitue le couloir; à la partie inférieure un tambour denté à seize dents animé d'un mouvement intermittent entraîne la pellicule : c'est le tambour de la figure 7.

De chaque côté du couloir, depuis le haut jusqu'au tambour d'entraînement, deux lames d'acier poli font saillie et ménagent une rainure de 25 millimètres de largeur. Une ouverture de la hauteur de deux images et de toute la largeur de la rainure, est percée dans le couloir pour permettre le déplacement vertical d'un cadre évidé qui constitue la fenêtre. La platine est entièrement évidée à la partie inférieure du couloir d'une ouverture ayant la largeur de la pellicule et destinée à lui livrer passage à sa sortie de l'organe d'entraînement.

L'axe du tambour denté situé dans le couloir se termine par une étoile à quatre branches dans les rainures de laquelle s'engage un galet produisant l'entraînement. Les bords de la croix de Malte sont entaillés pour épouser la circonférence du plateau porte-galet (*fig.* 10).

Pour bien comprendre le système de cet appareil, il faut suivre la figure 9, et partir de la manivelle actionnant le mouvement tout entier.

Cette manivelle est placée sur un arbre ayant d'un côté une

grande roue dentée à dentelure hélicoïdale et une autre roue à l'extrémité opposée. La grande roue engrène avec une série d'autres roues dentées également à denture hélicoïdale qui ont

Fig. 0.

la propriété de rendre le roulement beaucoup plus doux et qui font tourner l'axe muni d'un volant et d'un tambour à ergot.

L'ergot, ou pour employer un terme mécanique plus exact, le *doigt*, en pénétrant dans les rainures de la croix de Malte (*fig.* 11) à chaque tour du tambour, la fait tourner d'une division, soit d'un quart de tour correspondant au déplacement de quatre dents du tambour qui, nous l'avons dit plus haut, en comprend seize, c'est-à-dire à une image.

Croix de Malte. — Nous savons que le changement d'image gagne à être fait le plus rapidement possible, tandis qu'il y a avantage, au contraire, à rendre plus longue la période d'immobilité. Plus grand sera le diamètre du tambour à ergot, et plus réduite sera la croix de Malte, plus le changement d'image sera

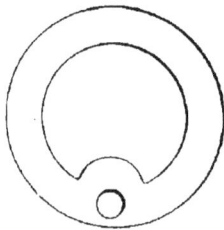

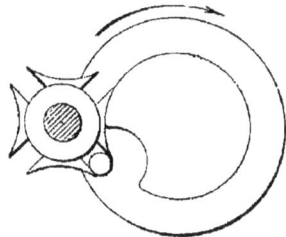

Fig. 10.   Fig. 11.

Croix de Malte et tambour à ergot.

rapide, et plus le temps de repos sera long. Mais nous devons reconnaître que, dans la pratique, cette élasticité apparente n'est que relative; il y a une limite dans laquelle on doit se maintenir, sous peine de déchirer la pellicule par une traction qui est d'autant plus brutale qu'elle est plus rapide. Les constructeurs se sont donc arrêtés à une rapidité qui ne puisse endommager la pellicule et qui correspond généralement à un sixième de temps d'obturation, c'est-à-dire de temps de changement d'image, pour cinq sixièmes de pose ou temps d'arrêt pendant lequel la pellicule peut être projetée sur l'écran.

La croix de Malte étant un organe délicat, exige de l'opérateur les attentions les plus bienveillantes. Il faut surtout veiller à ce qu'elle soit constamment graissée et qu'aucun organe ne vienne s'interposer entre elle et la partie cylindrique du tambour, sous peine de grippages ou bien de rupture d'une dent.

De là est venue l'idée de la protéger contre toute action extérieure, chocs, grains de poussière, humidité, et de décharger
ainsi l'opérateur d'un entretien minutieux.

Ce n'est plus la croix de Malte, mais bien tout le système
qu'on a renfermé dans un carter étanche (*fig.* 12), fixé sur la
platine, à l'intérieur de l'appareil, et dans lequel on a versé de

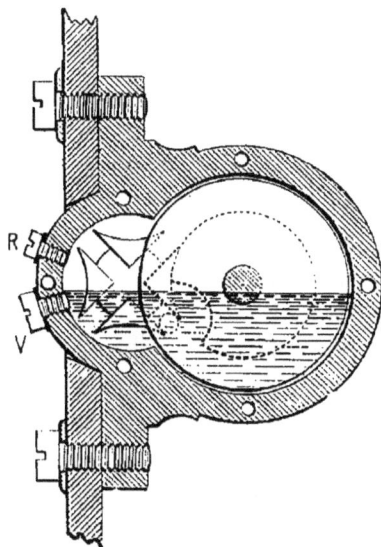

Fig. 12.

l'huile en quantité suffisante pour que le tambour et la croix se
trouvent lubrifiés de façon constante pendant plusieurs
semaines.

Ce carter est en communication avec l'extérieur de l'appareil
par l'intermédiaire d'une ouverture pratiquée dans la platine.
Un pont muni d'un trou pour l'introduction ou la vidange de
l'huile est fixé à l'extérieur de la même platine et assure l'étan-
chéité de tout le système. Il suffit de dévisser la vis R pour
remplir le carter et la vis V pour le vider et le nettoyer.

Il faut savoir, en effet, que l'huile du carter doit être changée
environ tous les mois: on vide entièrement le bain, on le lave

avec du pétrole en même temps que la croix de Malte, et on remplit le bain avec de l'huile neuve.

Notons enfin que, dans certaines régions, l'huile peut arriver à se congeler : dans ce cas, on chauffera légèrement avant d'entraîner brusquement la croix de Malte et éviter tout accident.

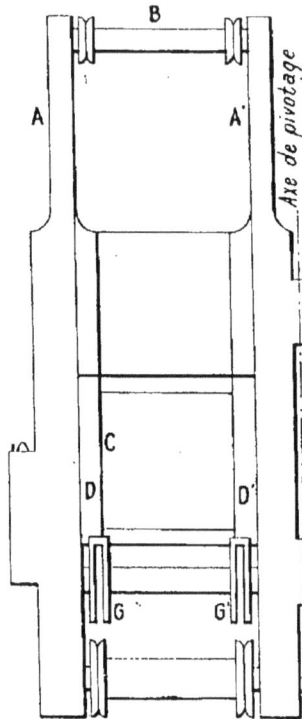

Fig. 13.

Porte ou fenêtre. — Parmi les pièces composant un appareil, la porte est assurément l'une des plus importantes, tant au point de vue de la fixité des images pendant la projection qu'au point de vue de la conservation de la bande.

Dans l'appareil que nous venons de décrire (*fig.* 13), la porte est constituée par un cadre en cuivre pivotant sur la platine par l'intermédiaire d'une charnière et de deux goupilles. L'axe de rotation est parallèle à la direction du couloir.

Ce cadre est prolongé à sa partie supérieure par deux branches A et A' servant de support à un axe sur lequel un rouleau B tourne à frottement très doux. Ce rouleau est pourvu de deux gorges destinées au passage des dents du tambour débiteur supérieur. Il est évidé dans la partie centrale pour empêcher la bande de frotter contre et de se rayer. Les deux extrémités seules maintiennent les bords de la bande appuyés contre les extrémités du tambour supérieur.

La porte étant fermée, c'est-à-dire appliquée contre la platine, le rouleau ne doit pas toucher le tambour. Il doit en être suffisamment éloigné pour ne pas presser la bande et éviter ainsi un laminage nuisible à sa conservation ; mais il doit en être suffisamment rapproché pour empêcher le film de dérailler. En pratique, l'écartement donné est de $0^{mm},6$ à $0^{mm},8$.

Dans la partie centrale de la porte se trouve un évidement rectangulaire servant de logement à un cadre mobile C en cuivre, lui-même évidé pour le passage des rayons lumineux et pourvu de deux éclisses D et D' en acier poli ayant un écartement égal à celui des deux lames d'acier dont nous avons parlé plus haut dans la description du couloir. Ce cadre fait saillie et est constamment poussé à l'intérieur de la porte par deux ressorts fixés à la partie extérieure.

C'est de la pression qu'exercent ces deux ressorts sur le cadre mobile que dépendent la conservation de la bande et la fixité latérale de l'image pendant la projection.

En effet, supposons que l'action des ressorts soit très faible. Que se passera-t-il ?

Au moment du changement d'image, la portion de bande comprise entre le tambour, la croix de Malte et le tambour débiteur supérieur, sera attirée très brusquement et emmagasinera une force vive qui au moment de l'arrêt du tambour tendra à se récupérer, et, dans le cas qui nous occupe, se traduira par une prolongation de descente de la bande. Or les dents du tambour ayant toujours un certain jeu dans les perforations du film, c'est la partie supérieure de ces perforations qui viendra buter sur les dents. Mais comme d'autre part la vitesse du tambour n'est pas régulière, il arrivera que dans une rotation lente, le fait signalé plus haut ne se produira pas, car la pression des ressorts sera alors suffisante pour arrêter le mouvement de descente de la bande en même temps que la rotation du tambour cessera : lorsque la vitesse de rotation s'accélérera, la bande continuera à descendre après l'arrêt du tambour et les images ne viendront plus se superposer sur l'écran ; on dira alors que l'appareil danse.

Si, pour éviter ce défaut, on donne aux ressorts une tension trop forte, l'appareil deviendra dur à manœuvrer, les bords du film s'useront rapidement et les dents du tambour exerçant un effort trop grand sur les perforations, détruiront celles-ci au bout d'un temps de service relativement court.

Deux bras prolongent la porte à sa partie inférieure ; ils servent de support à une barrette portant deux ressorts G et G' très minces, en acier trempé et un rouleau R généralement en fibre ou en ébonite.

Les deux ressorts sont pourvus chacun d'une rainure donnant passage aux dents du tambour de croix de Malte ; ils ont pour double but de continuer l'action du cadre mobile, c'est-à-dire de presser la bande sur les éclisses du couloir et de l'appuyer ensuite par les bords sur le tambour.

Le rouleau inférieur vient également presser la bande sur les bords du tambour, mais à sa partie inférieure, de façon à permettre à quatre dents de venir sur chacun des côtés, pénétrer dans les perforations. Il est identique au rouleau supérieur comme forme, et les mêmes considérations doivent présider à son examen dans le choix d'un appareil.

Si nous nous sommes appesantis un peu longuement dans la description de ce système de porte, c'est qu'il est de beaucoup le plus répandu dans les appareils à croix de Malte actuellement en service.

Il nous paraît intéressant toutefois de signaler quelques modifications que certains constructeurs, la Bonne Presse notamment, ont apportées dans sa fabrication.

Nous avons eu en mains des appareils dont les éclisses en

acier poli du cadre mobile avaient été rémplacées par du velours. Cette substitution nous semble devoir être rejetée; le

Fig. 14.

Porte transformée.

velours s'encrassant très rapidement oppose, par l'usage, une grande résistance au glissement de la bande et la détériore à bref délai.

Parmi les modifications heureuses, signalons-en une toute

récente, qui consiste dans la suppression du ruban R et des deux ressorts G et G' (*fig.* 14), suppression motivée par l'usure assez rapide qu'ils subissaient au bout de peu de temps de service. Par lui-même ce défaut n'était pas très grave si l'on avait la précaution de se munir de ressorts de rechange et de vérifier de temps à autre leur épaisseur; mais il arrivait souvent que ces précautions n'étaient pas prises et qu'en pleine séance un ressort cassait, pénétrait dans le film et le déchirait ou simplement le rayait et le mettait hors d'usage.

On a alors donné au cadre C une hauteur plus grande, et

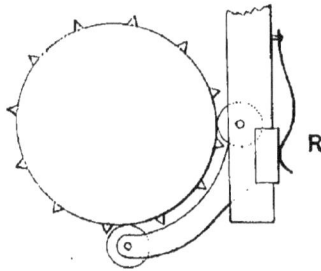

Fig. 15.

conséquemment aux éclisses D et D' qui se prolongent jusqu'au tambour de croix de Malte. Un double patin pourvu de deux gorges pour le passage des dents épouse la forme du tambour sur un quart de la circonférence et applique le film sur les bords. Les deux patins sont portés par un cadre mobile logé dans deux évidements des montants inférieurs de la porte; deux ressorts assurent une pression constante des patins sur les bords du film.

Signalons encore le dispositif qui consiste à remplacer les deux patins par deux rouleaux portés également par un cadre mobile sur lequel viennent aussi faire pression deux ressorts R et R' (*fig.* 15) qui maintiennent les deux rouleaux constamment appuyés sur les bords du tambour. Ce dispositif a l'avantage de supprimer la résistance produite par le glissement du film sur les patins, tout en assurant une application au moins aussi efficace sur la périphérie du tambour.

~~~~~~~~~~

Le cadrage.

Le film comportant huit perforations par image, c'est-à-dire quatre de chaque côté, il arrive que pour placer la bande dans l'appareil on ne prend généralement pas la précaution d'engager les perforations dans les dents du tambour, de façon que les quatre côtés d'une image se trouvent bien en face des bords du cadre ; il s'ensuit alors que le trait de séparation de deux images se trouve soit en face le milieu de l'ouverture du cadre, soit au quart de la hauteur en haut et en bas ; de là nécessité de cadrer, c'est-à-dire d'amener le centre de chaque image en face du centre du cadre.

Deux systèmes, différents comme principe, permettent la réalisation rapide de cette opération :

1° En rendant le cadre mobile et l'amenant à la position voulue, le film restant fixe par rapport à l'appareil ;

2° En laissant le cadre fixe et en déplaçant le film par rapport à l'appareil.

Dans un cas comme dans l'autre, il est de toute nécessité que l'axe de l'objectif vienne toujours rencontrer l'axe du cadre, quelle que soit la position de ce dernier. On devra donc rejeter toute combinaison ne remplissant pas cette condition.

Si nous considérons le premier cas, nous verrons immédiatement que l'objectif doit se déplacer en même temps que le cadre. Ces deux pièces doivent donc être solidaires. Mais il arrive fréquemment qu'au cours d'une séance, l'opérateur a besoin de modifier son cadrage, et par suite, la position de l'objectif par rapport à la source lumineuse et au condensateur ; la lumière n'est alors plus centrée sur l'écran et toute modification du cadrage entraîne une modification de position du point lumineux.

Dans le deuxième cas, le film se déplaçant, c'est le cadre qui reste fixe, ainsi que l'objectif par conséquent, et le défaut signalé ci-dessus n'existe pas.

Parmi les systèmes dérivant de ce dernier cas et utilisés dans l'appareil à came, signalons celui qui consiste à interposer, entre la came et le rouleau d'entraînement inférieur, un deuxième rouleau lisse porté par une tige à crémaillère pou-

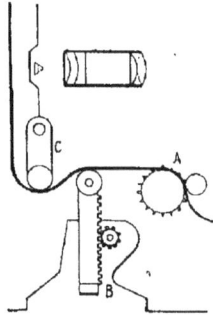

FIG. 16.

vant monter ou descendre et faisant appel sur le film. Le rouleau A (*fig.* 16) restant fixe ainsi que la came C, si l'on agit sur la tige B pour la faire monter, le film étant retenu en A sera tiré et descendra devant la fenêtre D. On arrêtera le mouvement de montée de la tige sitôt que l'image aura pris la position voulue. Les choses se passent exactement de la même façon lorsque l'appareil sera en marche.

Dans l'appareil à croix de Malte, ce résultat peut être obtenu en faisant mouvoir le tambour denté indépendamment des autres pièces. Mais il en résulte une complication mécanique qui alourdit le système d'entraînement de la pellicule et qui est nuisible à la douceur de la marche de l'appareil, le constructeur visant toujours la légèreté des pièces en mouvement.

Un autre système, beaucoup plus pratique, à notre avis,

consiste à déplacer verticalement toute la platine, et, par suite, le film lui-même. Le cadre et l'objectif restent fixes par rapport

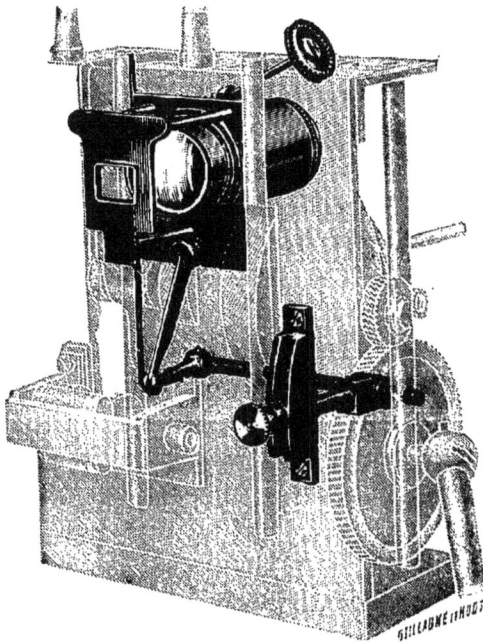

FIG. 17.

à la table et sont portés par une carcasse en fonte pourvue de glissières permettant le guidage de la platine. Nous le trouvons réalisé de façon merveilleuse dans le nouvel appareil de la Bonne Presse, dont la description est donnée plus loin.

L'obturateur.

L'obturation est le point délicat et fondamental du cinématographe. L'obturateur a deux rôles à remplir : obstruer la lumière à la descente de chaque image de façon que l'œil ne remarque pas la transition d'une image à l'autre et, dans la projection même de l'image, atténuer la luminosité de l'écran, pas trop pour nuire à la netteté, mais suffisamment cependant pour éviter à l'œil la sensation désagréable du passage d'une lumière trop vive à une obscurité complète.

Si l'obturation est trop grande, on manque de lumière; si elle est trop petite l'œil sépare les périodes claires des périodes obscures; à partir d'une certaine vitesse, environ 8 obturations par seconde, l'œil ne peut plus limiter les périodes, et leur succession produit un scintillement désagréable qui fatigue d'autant plus qu'on est plus rapproché de l'écran.

On peut dire que, dès les débuts du cinématographe, les constructeurs tentèrent divers procédés pour atténuer, sinon pour supprimer ce défaut des vues animées; pour y arriver, il eût fallu ménager la transition de l'obscurité à la lumière et inversement, en ne laissant pas à l'œil le temps de s'impressionner trop fortement.

Il y a quelques années, M. Gaumont avait imaginé de munir les spectateurs de sortes d'éventails ajourés en forme de grilles et de les inviter à regarder les vues à travers ces appareils agités vivement de droite à gauche; sans être parfait, le résultat était bon, mais le procédé était difficilement applicable à un public nombreux, car il contraignait chaque spectateur à un exercice ennuyeux.

On a ensuite modifié l'obturateur et l'on a ménagé, dans les parties ajourées du disque, des parties pleines, de formes et de dimensions variées (*fig.* 18). On produit ainsi, pendant le temps de l'éclairement, de très courts instants d'obscurité qui empêchent l'œil de s'illuminer complètement et lui évitent en partie la sensation provenant d'une trop brusque transition quand vient la période d'obscurité.

Le « scintillement » produit par ces alternances de lumière et d'obscurité, diminue à mesure qu'on augmente la vitesse; c'est ainsi qu'à la vitesse de 50 obturations par seconde, soit environ 220 tours de manivelle par minute, il est devenu à

peine sensible et qu'il disparaît complètement lorsqu'on atteint
45 obturations par seconde ou 575 tours de manivelle à la
minute.

Nous observerons encore que le scintillement est particulièrement désagréable à la projection des bandes claires et qu'il
se perçoit à peine lorsqu'on projette des bandes sombres.

Dans les premiers appareils de projection, les obturateurs
n'avaient qu'une aile, aussi le rendement était-il défectueux,

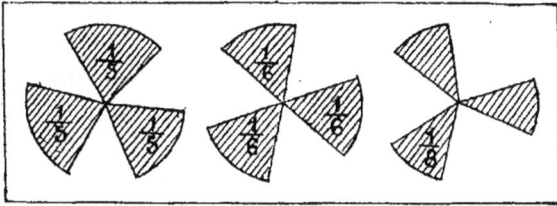

Fig. 18.

actuellement on admet deux modèles classiques d'obturateur :
l'obturateur à 3 ailes et l'obturateur à 2 ailes.

L'obturateur ordinaire à 5 ailes est constitué par une grande
aile qui passe devant l'objectif au changement de l'image et
2 petites ailes qui obstruent, pendant la projection elle-même
pour équilibrer et atténuer, comme nous venons de le dire,
la transition de la lumière à l'obscurité.

L'obturateur à 2 ailes se compose de deux branches sensiblement égales dont la première masque la transition d'une image
à l'autre, et la seconde masque la transition de la lumière à
l'ombre.

Ces deux obturateurs sont ordinairement établis sur le principe de 1/5 de plein ou d'obscurité sur 2/5 de vide ou d'éclairage. Le résultat est bon comme luminosité, mais peu satisfai-
sant comme fixité, car l'œil est fatigué par un passage très
rapide de noir et de blanc qui est très sensible quand on projette sur l'écran.

Un opérateur ingénieux dont nous avons déjà parlé, M. Mallet, a, le premier, cherché à atténuer le plus possible et même à supprimer le scintillement, en augmentant les pleins de l'obturateur jusqu'à trois ailes à peu près égales de pleins et de vides.

« Les expériences que j'ai faites, dit-il, pour arriver à perfectionner les obturateurs m'ont amené à découvrir en quelque sorte une loi qui doit présider à leur établissement :

1° Il faut que les périodes de lumière et d'obscurité soient sensiblement égales.

2° Étant donné la vitesse de rotation des appareils, il ne faut pas que les périodes d'obscurité soient supérieures à 1/5e de tour.

En d'autres termes, si l'on a un obturateur faisant l'escamotage en 1/5e de tour, la portion évidée de l'obturateur qui correspondrait aux 4/5es du tour devra être divisée en 6 secteurs alternés, évidés et pleins : 3 pleins de 1/5e du cercle, 3 évidés formant ensemble 2/5es du cercle.

C'est-à-dire que les 3 secteurs pleins de l'obturateur doivent être égaux entre eux et les 3 secteurs évidés également égaux entre eux.

De même, si l'appareil fait 1/6e d'obturation, il faut faire usage d'un obturateur comportant 3 secteurs évidés de 1/6e du cercle et 3 secteurs pleins de 1/6e.

Cette règle n'est plus vraie dans le cas où l'escamotage se fait moins rapidement que 1/5e de tour.

En outre, lorsque l'obturation demande moins de 1/5e de tour, on peut augmenter un peu la proportion de la lumière par rapport à l'obscurité. »

Si l'on a une faible lumière on gagnera en intensité lumineuse, en éloignant l'obturateur de l'objectif, ce qu'on perdra en fixité, c'est-à-dire qu'on aura davantage de scintillement.

L'obturateur généralement employé dans les cinématographes d'exploitation fonctionnant présentement a trois ouvertures en forme de secteur; les trois parties pleines ont un angle de 65°; les parties évidées ont un angle de 55° (*fig.* 18).

Il est commandé par un jeu de deux pignons coniques. On le

fixe sur son axe au moyen d'une douille traversée par une vis qui s'engage dans une fraisure longitudinale ménagée sur l'arbre. Ce dispositif permet le repérage du disque et sa fixation en un point quelconque de l'axe; la figure 19 nous montre un mode général de fixation de l'obturateur, nous observerons cependant que dans certains cas, par exemple lorsqu'il est nécessaire d'utiliser des objectifs de long foyer, l'obturateur doit être engagé, *la douille la première*. Disons, en outre, qu'on a donné à l'arbre porte-obturateur la longueur que fait ressortir la figure, pour rendre possible l'emploi d'objectifs à très long foyer.

Dans la pratique, l'obturateur doit être placé le plus près possible de l'objectif. Un mauvais réglage de cet organe important produit le *filage* des images, c'est-à-dire des traînées blanches qui semblent descendre des parties claires de l'image. Cela peut provenir de 2 cas : le 1er est que l'arbre a été démonté et n'a pas été remis exactement à sa place; le 2e est que l'obturateur n'est pas fixé sur son axe : il n'y a qu'à resserrer la vis qui le retient, en ayant soin de bien l'engager dans la rainure disposée à cet effet sur l'arbre porte-obturateur.

Vitesse de rotation de l'obturateur. — Rien n'est plus élastique que la vitesse à laquelle doit se dérouler une pellicule. Divers facteurs entrent en ligne de compte, aussi la pratique nous fait indiquer comme moyenne raisonnable celle qui se place entre 110 et 140 tours de manivelle à la minute, soit 45 à 55 obturations à la seconde, ou 15 à 20 images, ce qui donne de 17 à 22 mètres de film à la minute. Une bobine de 300 mètres sera donc projetée dans un laps de temps variant entre 15 et 20 minutes; un opérateur intelligent se basera surtout sur le sujet représenté.

Arbre porte-obturateur. — L'emploi d'objectifs à longs foyers a, comme conséquence, de reporter l'obturateur très loin de l'appareil lorsque celui-ci se meut devant l'objectif, ce qui est généralement le cas; d'où nécessité d'un arbre porte-obturateur très long, qui dépasse de beaucoup les autres parties de l'appareil et risque de se fausser dans les déplacements et les transports.

Pour obvier à cet inconvénient, il suffira de faire cet arbre

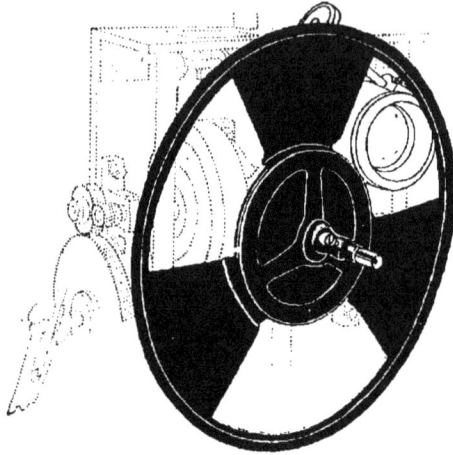

Fig. 19.

très court et percé en son centre d'un trou recevant la tige qui porte elle-même l'obturateur. Cette tige sera pourvue d'une

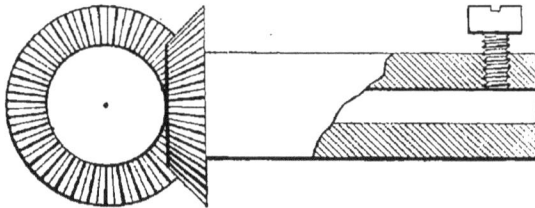

Fig. 20.

rainure dans laquelle viendra se loger la tige d'une vis fixée sur l'arbre (fig. 20) et empêchera ainsi l'obturateur de tourner tout en lui assurant un repère et évitant ainsi une erreur dans le remontage.

Malheureusement le déplacement de l'obturateur avec l'objectif entraîne une complication mécanique. On y remédie en plaçant l'arbre porte-obturateur immédiatement au-dessous de l'objectif, et, dans ce cas, les arêtes des ailes obturatrices sont dirigées suivant des rayures et l'objectif se déplace le long de ces arêtes sans changer de position relative.

Dévidement de la pellicule. — Ainsi que nous l'avons vu plus haut, dans l'étude de la croix de Malte, le tambour denté entraîne la pellicule par secousses; il faut donc alimenter ce tambour de façon régulière si l'on veut éviter *le tirage* qui nuirait au bon fonctionnement et endommagerait rapidement le film.

La pellicule étant entraînée, il s'agit de la réenrouler ou, pour employer l'expression courante, de la *rembobiner* automatiquement au fur et à mesure de la projection, ainsi du reste que le prescrivent les ordonnances de police et les règlements de certaines villes.

Ces deux opérations du déroulement et de l'enroulement automatique sont commandées par l'axe de la manivelle qui porte à son extrémité une roue dentée, laquelle engrène avec une autre roue plus petite, dans la proportion de 48 dents à 30. Cette petite roue est montée sur un axe portant d'un côté — au-dessous de la sortie de la pellicule — un tambour denté dit « tambour débiteur inférieur ou d'enroulement »; de l'autre côté, tout contre cette petite roue, se trouve un pignon à grosses dents et une poulie à gorge; celle-ci reçoit une courroie destinée à mettre en mouvement l'enrouleuse automatique dont il est question plus loin. Quant au pignon à grosses dents, il reçoit une chaîne de Gall qui commande un autre pignon de même dimension et placé sur le haut de l'appareil. Ce pignon est également monté sur le même axe qu'un tambour denté appelé « tambour débiteur supérieur ou d'entraînement ». C'est sur ce tambour que le film est engagé pour alimenter le tambour de la croix de Malte.

En résumé, il s'établit un état d'équilibre; à mesure que le diamètre d'enroulage grandit, l'axe tourne moins vite que la poulie qui l'entraîne.

Bras d'enroulement automatique. — A mesure que la pellicule passe dans l'appareil de projection, elle s'enroule sur une bobine; mais celle-ci ne peut être animée d'un mouvement uniforme, car le diamètre d'enroulage grandit à mesure que la

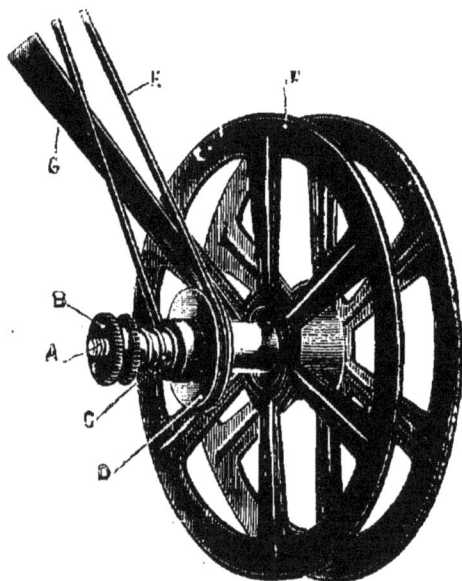

FIG. 21.

pellicule est débitée dans l'appareil, et l'enroulement devrait alors se faire beaucoup plus rapidement que ne se débite la pellicule.

Pour obvier à cet inconvénient on a imaginé un dispositif à friction (*fig.* 21).

La poulie D est folle sur l'axe A; mais elle est placée contre une joue fixe calée sur l'axe. Or, à l'aide d'un ressort C on règle la pression de la vis B sur la poulie D; on voit par là que D va frotter contre la joue, et est entraînée dans son mouvement de rotation ; mais si le ressort C est réglé de manière que la pression de B sur D soit telle qu'à une résistance d'enroulement de la pellicule, c'est-à-dire de l'axe A, la poulie D tourne folle, simplement à friction sans pouvoir être entraînée, il s'ensuivra que la bobine F ne pourra enrouler que la pellicule qui se présentera à l'enroulement ; il ne pourra donc se produire de traction susceptible d'abîmer la pellicule.

D. — Appareils d'Amateurs.

On trouvera dans nos pages d'annonces les noms et adresses des principaux constructeurs de cinématographes ; rien ne sera plus simple que de demander leurs catalogues généralement

FIG. 21 *bis*.

envoyés gratuitement. Plusieurs se sont spécialisés dans la fabrication d'appareils dits *de salon*. Au premier rang, il convient de signaler le Pathé-Kok. Le " *Edison Home Cinéma* " que l'on verra bientôt faire ses preuves sur le marché mondial. La Société Maurice Chevillard, Coulon et Cie, s'est, elle aussi, mise sur les rangs et son cinématographe « Perfecta » (*fig.* 21 *bis*) mérite de retenir l'attention des amateurs et petits professionnels.

CHAPITRE II

Choix d'un système

Par ce qui précède, on voit clairement que les appareils à griffes, bien que donnant le maximum de stabilité réalisable, ne conviennent pas à tous les exploitants, encore moins aux amateurs. Nous devons ajouter, du reste, pour éviter d'être taxé de partialité, que les maisons françaises ont peu à peu abandonné les modèles à came qui constituaient leur spécialité, pour se consacrer à peu près exclusivement aux appareils à croix de Malte. Le public étant juge en l'occurence, il faut en conclure que ce système a triomphé.

Mais, dans les appareils à croix de Malte, il y a de nombreux modèles et le choix est d'autant plus difficile qu'ils ne diffèrent généralement que par des détails de forme, de montage ou simplement d'habillage.

Si nous voulons nous en tenir aux constructeurs sérieux, dans les ateliers desquels se trouvent des ouvriers habiles, des contremaîtres intelligents et des ingénieurs éprouvés, nous dirons qu'ils s'efforcent de faire des merveilles chaque jour. Ayant visité souvent certaines de nos usines parisiennes, nous savons d'expérience qu'une série d'appareils est à peine livrée au commerce que, de l'ingénieur au plus modeste des ouvriers,

les uns s'appuyant sur des études particulières, les autres sur
une expérience acquise, font des prodiges pour apporter au

Fig. 22.

nouveau modèle ou à la nouvelle série, qui une amélioration,
qui un perfectionnement destinés à atténuer l'usure, à réduire
le bruit, à supprimer le scintillement, à donner enfin un meil-

leur rendement. A ce compte, la perfection n'est pas loin.

Parmi les appareils français construits en vue d'une utilisation professionnelle publique, les plus répandus sont signés Pathé, Gaumont, Bonne Presse, Demaria.

Il faudrait décrire tous ces appareils et souligner les menus détails qui les différencient : cela nous conduirait trop loin et les catalogues sont là, du reste, pour suppléer à cette tâche. Le Chrono-Projecteur de Gaumont, représenté par notre figure 22, est un type classique à Croix de Malte qui se partage les faveurs du grand public avec les appareils Pathé et Bonne Presse. Notons, en passant, que les usines de Baujard et de Pongelot où se fabriquent les appareils de cette dernière firme, sous la direction de M. Gaston Guilbert, passent pour des mieux outillées; à la fabrication des appareils de précision une usine d'optique est annexée qui occupe près de 500 ouvriers et exporte des condensateurs et des objectifs dans tous les pays du monde.

I. — Appareil Bonne Presse.

L'année 1913 a vu se réaliser un progrès considérable, le plus important, dirons-nous, que l'on doive attribuer exclusivement à l'industrie française. Il s'agit du nouveau cinématographe Guil, breveté s. g. d. g., lancé par la Bonne Presse.

Cet appareil (*fig.* 22 *bis*) qui a d'ailleurs été décrit dans le " Courrier cinématographique " en date du 14 juin 1913 se distingue par les caractéristiques suivantes :

a) Centre optique fixe;

b) Nouvelle croix de Malte intégrale;

c) Volet de sécurité automatique à réaction;

d) Bloc d'organes essentiels amovible;

e) Bras support des carters faisant corps avec l'appareil;

f) Nouvel objectif Cinéopse;

g) Blindage complet de l'appareil et dispositif de graissage.

FIG. 22 *bis*

Nouveau Cinématographe à centre optique fixe breveté S. G. D. G.

a) **Centre optique fixe.** — La fenêtre et l'objectif sont dans une position immuable et le cadrage de l'image se fait sur un déplacement vertical du film. Le dispositif de croix de Malte, l'arbre porte-obturateur, les tambours débiteurs et la porte sont fixés sur une platine en fonte qui glisse sur des glissières trempées. Le déplacement de l'ensemble est commandé par un bouton molleté et le poids de la partie mobile est équilibré par un ressort dissimulé à l'intérieur de l'appareil, lequel ressort a pour but de rendre égal l'effort à développer, qu'il s'agisse de monter ou de descendre la partie mobile.

b) **Croix de Malte intégrale.** — Il est reconnu que la croix de Malte telle qu'elle est conçue habituellement est l'organe le plus fragile, quoique le plus important de l'appareil. En adoptant un principe nouveau et en faisant agir l'ergot et le frein dans des plans différents, on a pu donner à la croix de Malte intégrale une robustesse remarquable par l'interposition de disques pleins qui assurent le maximum de section d'attache à chaque élément.

La croix de Malte intégrale et ses annexes sont trempées et rectifiées par les procédés les plus modernes et tout à fait inédits.

c) **Volet de sécurité automatique à réaction.** — Le nouveau volet de sécurité à réaction est d'une extrême sensibilité due au principe qui en assure le fonctionnement et à sa construction précise. Il est fixé sur la platine mobile et peut être séparé instantanément du mécanisme.

d) **Bloc d'organes essentiels amovible.** — Dans tout appareil cinématographique, les organes essentiels sont les suivants :

1° Le dispositif d'escamotage de l'image. (Croix de Malte et son tambour, ergot moteur.)

2° Le dispositif assurant l'obturation pendant cet escamotage. (Obturateur et son arbre.)

Ces organes supportent tout l'effort et sont susceptibles de s'user ou de se détériorer plus rapidement que les autres, qui ne sont en quelque sorte que des accessoires utiles mais non indispensables.

Dans le poste Guil, on a imaginé de grouper ces organes sur un bâti unique, facilement amovible, qui permet à tout opérateur, en cas de nécessité, c'est-à-dire dans les grandes exploitations, de changer son bloc essentiel par un autre bloc réglé à l'avance, sans qu'il soit nécessaire de toucher au reste du mécanisme, pas plus qu'aux carters ou au film. On comprend ainsi tout l'avantage de ce perfectionnement.

e) **Bras support des carters faisant corps avec l'appareil.** — Des carters en aluminium, légers et manœuvrables, sont montés sur des bras en fonte qui se fixent directement sur le bâti de l'appareil. Cette disposition évite les tâtonnements, les difficultés qu'on éprouve lorsqu'il faut fixer ces carters sur la table du poste.

La courroie, qui dans les appareils ordinaires commande l'enrouleuse, est remplacée par un système de pignons d'angle qui comporte de multiples avantages.

f) **Blindage de l'appareil.** — Tous les engrenages, tous les organes qui pourraient se détériorer par la seule présence d'un corps étranger sont protégés par un blindage ou carter qui empêche les poussières provenant des pellicules ou de l'air de se déposer sur les frottements ou glissières et qui protège l'opérateur lui-même contre les conséquences d'une distraction possible.

En outre de nombreux perfectionnements de détails ont été apportés dans l'appareil Guil. Tous les arbres sont en acier trempé et rectifié; les engrenages, les tambours dentés sont également en acier. Les portes ont été munies de ressorts: en un mot, on s'est efforcé d'en faire un modèle type de fabrication française. L'Exposition de Londres lui a donné son Grand Prix.

II. — Projecteur Pathé à cadrage fixe.

Pour répondre aux exigences de l'exploitation cinématographique moderne qui impose aux projecteurs un travail toujours

Fig. 23.

plus considérable, la Compagnie générale des Établissements Pathé frères, a, elle aussi, créé pour 1913, un appareil qui, à la robustesse et au fini de ses organes, joint les avantages du cadrage fixe.

Pour cadrer l'image dans la fenêtre de projection on actionne le tambour denté de croix de Malte qui entraîne le film en agissant sur un levier de cadrage placé à portée de l'opérateur. Un mécanisme différentiel assure le réglage exact de l'obturateur pendant ce déplacement. La source lumineuse, l'objectif et la fenêtre restent donc toujours fixes.

Dans ce modèle, le tambour denté de croix de Malte est facilement démontable, et le résultat est obtenu instantanément, sans l'aide d'aucun outil.

La commande des débiteurs supérieur et inférieur et celle de l'enroulement automatique du film se font par l'intermédiaire des roues dentées.

Le bâti de l'appareil est en acier coulé d'une seule pièce, ce qui lui assure une grande rigidité. Toutes les roues dentées sont en acier et largement dimensionnées, assurant ainsi à ces organes le maximum de résistance à l'usure. Les axes sont à longue portée et bagués en bronze phosphoreux très dur.

III. — Appareil Ernemann " Impérator "

Parmi les nombreux appareils que produit l'industrie étran_ gère, nous nous faisons un devoir de donner une mention spéciale au modèle « Impérator » créé par la maison Ernemann, de Dresde (*fig.* 24). L'axe optique est également constant, c'est-à-dire que lorsqu'on règle le champ de l'image, la position de l'objectif et de la fenêtre ne changent pas ; il en résulte qu'on n'a jamais besoin de modifier la position de la lampe.

La croix de Malte, de dimensions beaucoup plus grandes que celle des appareils courants, assure une projection absolument fixe, comme dans les modèles déjà décrits, cette croix de Malte est plongée complètement dans un bain d'huile. Elle se trouve par suite non seulement à l'abri des détériorations qui pourraient provenir de l'extérieur et protégée contre l'action érodante de la poussière des films, mais elle se trouve en outre

ERNEMANN A.-G. DRESDEN

FIG. 24.

automatiquement et continuellement refroidie et lubrifiée par l'huile, de sorte que l'usure, si toutefois il y en a, se trouve réduite au minimum.

Le projecteur construit en acier ne comporte ni chaînes ni transmissions flexibles; tous les mouvements se font par engrenages et sans aucun jeu, ce qui assure un fonctionnement absolument silencieux.

Le réglage du champ de l'image se fait d'une façon rapide et simple pendant la marche et sans qu'il soit nécessaire de déplacer la bande : il n'y a pas non plus à toucher au film pendant ce réglage. Toutes les pièces qui ont à tourner et qui sont sujettes à l'usure, comme la croix de Malte, les galets d'entraînement, les roues du dévideur et de l'enrouleur ainsi que tous les galets et cylindres dentés sont faits du meilleur acier et par suite l'usure de ces parties se trouve réduite au strict minimum. Les coussinets sont en bronze phosphoreux dur et chacun d'eux est muni d'un graisseur.

La portion du film réservée à l'image ne vient en aucun endroit en contact avec le mécanisme ; sur tout son parcours, depuis le débobineur supérieur jusqu'à l'embobineur inférieur. en passant par le projecteur, le film ne touche que par de petites bandes étroites de chaque côté de l'image. Les rouleaux de pression sont disposés de telle façon que le plus grand nombre de dents possible s'engage dans les perforations de la bande, de sorte que non seulement le champ de l'image mais la perforation elle-même, qui est toujours assez fragile, sortent absolument intacts après avoir passé des milliers de fois dans l'appareil.

Les carters de sûreté sont constitués par des boîtes étirées d'une seule pièce, à parois épaisses et l'intérieur est garni d'amiante. Le couvercle, qui est également isolé, est mobile au moyen de fortes charnières et maintenu par un verrou solide. Le long couloir du film à l'intérieur des carters rend toute entrée des flammes impossible. (Voir plus loin, page 169.)

CHAPITRE III

INSTALLATION

d'un poste complet

de Cinématographie

I. — La salle.

Avant de monter notre poste de cinématographie, il semble assez naturel que nous nous préoccupions de savoir dans quelle salle nous l'installerons et dans quelles conditions il sera appelé à fonctionner. Beaucoup d'exploitants ne s'arrêtent pas à ces considérations qu'ils jugent de peu d'importance : le luxe extérieur, l'éclairage rutilant de la façade, des affiches de dimensions exagérées, un bonisseur en livrée fin de siècle ; tout ce qui, en un mot, fait impression sur les gogos, les intéresse davantage. Il faut flatter le public, c'est évident, il faut l'attirer, montrer qu'on a pour lui quelques égards, peu importe la nourriture qu'on lui servira à l'intérieur.

Nous ne nous plaignons pas qu'une salle soit trop luxueuse, ni trop confortable, mais nous voyons avec un sentiment pénible s'ouvrir à Paris des exploitations cinématographiques pour l'agencement et le luxe desquelles plusieurs centaines de mille francs ont été dépensés, alors qu'on a lésiné pour l'installation de la cabine et du matériel qui doit assurer la beauté et l'éclat des vues cinématographiques elles-mêmes.

Cette question de **salles de spectacles** a son importance ; aussi croyons-nous utile d'insister sur certains détails pratiques qu'on semble avoir négligés volontairement, parce que ceux qui se livrèrent à ces études techniques n'avaient en vue que nos « bonbonnières » des grands boulevards ou des installations somptueuses comme celles de Gaumont à l'Hippodrome, de Pathé au Cirque d'Hiver, ou de *Tivoli-Cinéma*.

Si l'on a le choix, on adoptera, naturellement, pour une exploitation cinématographique, une salle spacieuse, de forme allongée, rectangulaire, assez haute pour faciliter le placement de l'écran et donner aux spectateurs et à l'appareil la provision d'air indispensable ; une salle en amphithéâtre, avec des ouvertures nombreuses permettant à la foule de s'écouler sans bousculade, et de plus, munie au centre et sur les côtés d'appareils d'éclairage commandés de la cabine de l'opérateur ou de l'entrée par un contrôleur, voilà qui réaliserait évidemment l'idéal des salles de spectacles ordinaires.

Il est, en outre, désirable que, toutes les lumières étant éteintes, l'obscurité soit aussi complète que possible, de manière à ne pas diminuer l'intensité de l'image projetée. A cette règle, il y a cependant une exception, et nous verrons par ailleurs que les projections en salle éclairée sont possibles et obtiennent quelque succès, grâce à certains écrans, le *Janus*, par exemple, adopté par la plupart des maisons de projection de France et de l'Etranger. La vraie question en la circonstance n'est qu'un rapport d'intensité lumineuse ; les images sont d'autant plus éclairées que la différence entre la luminosité des deux côtés de l'écran sera plus grande, *dans le cas de projection par transparence* ; si, au contraire, l'on projette *par réflexion*, nous nous trouvons en face du photomètre de Rumford, dans lequel l'intensité des lumières se mesure par l'intensité de l'ombre.

Quelle que soit la disposition adoptée, la salle doit posséder un système d'éclairage rapide, bien réglé ; l'électricité vient donc en première ligne. Les lampes de secours qui, par mesure de police, doivent rester allumées pendant les représentations, seront entourées de papier opaque afin de ne projeter leur lumière que sur le sol pour ne pas gêner la vue de la projection. La salle comportera au moins deux larges portes doubles et à tambour pour faciliter l'entrée et la sortie des spectateurs, sans que la lumière extérieure puisse y pénétrer. Les portes doivent s'ouvrir de l'intérieur à l'extérieur.

Il est élémentaire de placer les sièges de façon que leur accès en soit facile et que chaque spectateur voie sans gêner personne ; ces sièges seront disposés en gradins par places nettement séparées : genre fauteuils de spectacle. Dans une véritable salle pour cinématographe, les loges de côté, pas plus que les hautes tribunes, ne valent grand'chose, obligeant à des attitudes fatigantes et ne permettant que très mal de saisir les vues en leur ensemble complet. Pour cette raison, on évitera de placer le premier rang de spectateurs trop près de l'écran car pour eux l'image projetée paraîtra par trop disproportionnée et parfois déformée.

Selon la dimension de l'écran, ce premier rang doit être placé à 3, 4 ou 5 mètres.

De trop près aussi, le moindre petit défaut et le grain inévitable de l'image agrandis, prennent des proportions exagérées.

Certains esprits timorés ou habitués, par principe, à tout critiquer, ont voulu faire du cinématographe un épouvantail et c'est ainsi qu'ils remettent périodiquement en mémoire la catastrophe du Bazar de la Charité. L'intention est coupable et il importe de crier bien haut que tous les accidents survenus jusqu'ici n'ont eu pour cause que la négligence des employés, des organisateurs, ou le mauvais état des instruments.

Un examen minutieux de l'installation, une constante attention de l'opérateur, l'ordre et le bon entretien des appareils et des films, le réglage préalable des sources lumineuses éviteront les « accrocs », quelquefois amusants, souvent ridicules, toujours regrettables, car ils favorisent les scènes de désordre ou d'hilarité déplacée que semble aider l'absence de lumière. Si quelque incident se produit, mieux vaut aussitôt donner la clarté. Rien n'est de plus mauvais effet que des hésitations en ce cas. Nous n'avons pas dit, mais la chose se comprend, qu'une fois le public admis dans la salle, l'opérateur doit être prêt à *rouler* : les mises au point et en place auront été faites préalablement.

Ignifugation des matériaux et décors. — Nous avons vu, dans les prescriptions de la Préfecture de Police, que les directeurs de théâtres et de cinémas étaient tenus de faire ignifuger, c'est-à-dire de rendre ininflammables les étoffes ainsi que les bois non vernis ni recouverts de peinture. On ignifuge les bois en les plongeant pendant un certain temps dans les bains à base de phosphate d'ammoniaque et d'acide borique, ou en les badigeonnant d'un enduit composé d'amiante, eau, borax et gomme laque ; les toiles à décor sont plongées dans des solutions de sulfate d'ammoniaque, acide borique et borate de soude. C'est ainsi qu'une draperie en mousseline, trempée dans une dissolution à 10 pour 100 de phosphate d'ammoniaque et placée au-dessus d'une flamme, noircit, se carbonise et se troue, mais ne prend jamais feu.

Voici, parmi les nombreuses formules proposées, une de celles qui sont le plus communément recommandées par le Laboratoire municipal :

1° *Ignifuge pour bois* :

Appliquer au pinceau et à chaud deux couches successives de la solution suivante :

Silicate de soude liquide (densité 12.80) .	500 gr.
Eau	1 000 gr.

Recouvrir ensuite de deux couches de l'enduit suivant, préparé et appliqué à chaud :

Blanc gélatineux	2 000 gr.
Acide borique	100 gr.
Borax pulvérisé	500 gr.
Eau bouillante	750 gr.

Ajouter ensuite :

Amiante en poudre. . . . . 500 gr.

Puis malaxer le tout de façon à former une pâte bien homogène.

2° *Ignifuges pour étoffes, papiers, etc.*

Passer dans un bain composé de :

Phosphate d'ammoniaque . . . . 100 gr.
Acide borique . . . . 10 gr.
Eau . . . . 1 000 gr.

II. — Dimension à donner aux images.

Nous n'avons pas la prétention de dicter ici une loi, d'autant que nous savons les avis très partagés et que nous avons vu, dans certaines villes, donner la préférence au cinématographe qui possédait l'écran le plus grand. Dans un chef-lieu de département de la région du Nord, nous avons assisté à des représentations faites sur un écran de 8 mètres de côté ; l'objectif était à court foyer, les images étaient d'une netteté douteuse, très déformées, pas brillantes du tout à cause d'une intensité lumineuse peu en rapport ; mais les personnages étonnaient surtout par leurs dimensions, « ça remuait beaucoup et on riait ».

Le goût s'est affiné peu à peu et il est rare aujourd'hui de voir invoquer des obligations de concurrence. On s'est rendu compte qu'en se laissant aller trop complaisamment dans cet ordre d'idée, on arrivait vite à l'horrible.

Déjà en 1908, la maison Pathé donnait à ses clients, ces sages conseils, qui ont encore toute leur valeur :

La grandeur de l'image projetée doit être proportionnée à la dimension de la salle et nous déconseillerons toujours certaines projections colossales ou soi-disant telles que certains chefs d'entreprises prétendent, bien à tort, être réclamées par le public.

La meilleure manière de soutenir la concurrence est de faire très bien dans de bonnes proportions avec des éléments de choix et de qualité supérieure, d'entretenir tous ces éléments en bon état de fonctionnement en ne les confiant qu'à des mains soigneuses et expérimentées.

Pour une salle de 10 à 12 mètres, nous conseillons un écran de 2 mètres ; de 15 mètres, 2 m. 50 à 3 mètres au plus ; de 20 mètres, 3 mètres à 3 m. 50 ; de 25 mètres, 4 mètres à 4 m. 50 ; ce n'est qu'à partir de 30 mètres et au delà que l'on doit raisonnablement aborder les écrans de 5 à 6 mètres de côté.

Nous ne connaissons guère de salle dont les dimensions justifient l'emploi d'écran de grandeur beaucoup supérieure et nous répétons que c'est une erreur de goût de ne pas tenir compte de ces prescriptions.

Une petite projection est plus fine, plus lumineuse qu'une grande, nous entendons une trop grande.

Il est facile de comprendre que pour une distance donnée plus la projection sera grande plus il y aura dispersion du faisceau lumineux et plus l'image sera terne. L'on ne peut compenser cela qu'en augmentant l'intensité lumineuse, c'est-à-dire l'ampérage, ce qui n'est pas toujours facile et est toujours coûteux. Nous avons signalé aussi les risques de déformation auxquels l'on s'expose avec les courts foyers.

Inversement, en réduisant la projection l'on resserre le faisceau lumineux et l'image acquiert un éclat et un relief qui la rendent supérieure et en augmentent la beauté.

Il y a donc avantage à tous les points de vue à se tenir dans les limites extrêmes que nous avons données plus haut.

La grandeur de la projection est déterminée par le foyer de l'objectif et la distance qui sépare l'appareil de l'écran ; elle est la résultante mathématique de ces deux facteurs.

Nous croyons inutile d'entrer ici à ce sujet dans une suite de calculs et de détails techniques pour le démontrer par A + B.

Disons seulement qu'à différentes distances l'on peut obtenir une image de même dimension en employant l'objectif de foyer convenable et, inversement, qu'à une distance fixe l'on peut obtenir des images de grandeurs différentes en employant des objectifs de foyers différents.

On trouvera plus loin un tableau donnant la grandeur approximative des images sur l'écran par rapport au foyer de l'objectif employé et selon la distance qui sépare l'écran du cinématographe.

III. — L'écran.

Tout cinématographiste, qu'il soit exploitant ou simplement amateur, doit se pénétrer de cette idée que, pour obtenir des projections parfaites, un matériel parfait est absolument nécessaire. Or, il semble qu'on se désintéresse un peu de l'écran, alors que nous le considérons comme un accessoire de première importance. Un écran bien tendu, bien drapé, prépare agréablement les spectateurs ; d'autre part, la beauté d'une projection, les oppositions, le relief, dépendent souvent de ses qualités, de son montage et de sa préparation ; il faut donc, de toute nécessité, lui accorder la place qu'il doit occuper dans une installation convenable.

Procédons tout d'abord à une revue sommaire des écrans mis à notre disposition, de façon à faciliter notre choix, lorsque nous serons fixés sur la méthode à employer : projections directes ou par *réflexion* ; projections au travers de l'écran, c'est-à-dire, par *transparence*.

Écrans opaques. — Déjà en 1872, dans un Traité de projections bien modeste, le savant abbé Moigno, signale que, dans le cas de projections *par réflexion*, l'écran doit être aussi opaque que possible, car, s'il laisse passer la lumière, cette dernière est complètement perdue, alors qu'elle aurait pu être utilisée pour donner une image plus vive, et il recommande comme le meilleur des écrans un mur très uni, blanchi à la chaux.

Mais on ne trouve pas facilement un mur blanchi à la chaux
ou couvert d'une bonne couche de peinture blanche et mate, de
blanc de zinc, par exemple ; cet inconvénient a été prévu de
tous temps encore, et nos devanciers, les Molteni, les Fourtier, les
Coissac, qui ont publié des ouvrages dont la valeur n'a jamais
été discutée, ont parlé des projections par réflexion comme
d'une chose aussi vieille que la lanterne.

On trouve dans le commerce des écrans opaques faits de toile
forte, recouverts d'une ou de plusieurs couches de peinture

Fig. 25.

blanche mate ; mais le prix en est relativement élevé, et ils sont
difficilement transportables pour la raison *qu'ils doivent être
roulés et jamais pliés*.

La question n'apparaît pas tellement compliquée, que les opérateurs ne puissent tenter l'expérience et badigeonner eux-mêmes
une toile pour la rendre parfaitement opaque. Voici, du reste,
pour les y encourager, plusieurs formules expérimentées par des
hommes de métier :

1re *Formule.*

Stéarine pulvérisée	50	grammes.
Borax	50	—
Amidon de froment	900	—

2° *Formule.*

Gomme arabique.	50 grammes.
Magnésie en poudre	200 —
Eau	1 000 —

3° *Formule.*

Gélatine tendre	50 grammes.
Blanc de neige	500 —
Eau	1 000 —

4° *Formule.*

Amidon.	1 000 grammes.
Eau	1 000 —

Ce dernier encollage doit être préparé à chaud ; il faut le remuer souvent durant la cuisson, jusqu'à ce qu'il prenne une bonne consistance, et bien éviter de le laisser bouillir.

Après le refroidissement de cette sorte de gelée, badigeonner la toile avec un gros pinceau ou queue de morue assez fine, d'abord de bas en haut, puis horizontalement, pour éviter qu'il se produise des lignes ou des traînées qui en détruiraient toute l'harmonie.

Il existe encore des quantités de procédés qui entrent dans les apprêts du linge en général et peuvent trouver leur application dans la préparation des écrans ; nous livrons les suivantes, choisies entre cent, à la sagacité et à l'esprit pratique de nos lecteurs :

5° *Formule.*

Blanc de baleine.	50 grammes.
Glycérine	125 —
Alun.	50 —
Gomme arabique.	50 —
Eau	725 —

On fait macérer la gomme arabique dans l'eau pendant vingt-quatre heures et on ajoute ensuite, en chauffant le mélange, la glycérine, l'alun et le blanc de baleine, et enfin la quantité d'amidon nécessaire, et l'on brasse énergiquement le mélange, tout en laissant refroidir, de façon à obtenir un mélange homogène.

6ᵉ *Formule.*

Spermaceti.	50 grammes.
Gomme arabique.	40 —
Borax	10 —
Stéarine	50 —
Glycérine.	100 —
Eau	600 —

On fait dissoudre, d'une part, dans l'eau, la gomme arabique en poudre et le borax, et, d'autre part, on fait fondre ensemble le spermaceti, la stéarine, et on délaye avec la glycérine ; on ajoute au mélange précédent, maintenu à une température convenable, la solution de gomme arabique et une quantité suffisante d'amidon finement pulvérisé qu'on incorpore au mélange au moyen d'un brassage énergique jusqu'à refroidissement.

Écrans à surface métallique. — Il y a une dizaine d'années, M. Lumière, de Lyon, créa un écran à surface métallique constituée principalement par de l'aluminium, métal peu oxydable : mais, pour des raisons demeurées inconnues, il fut abandonné peu après. Au début de 1911, la maison Carl Zeiss, d'Iéna, en fabriquait un dans le même genre ; puis, peu à peu, on en vit surgir de tous côtés. Le meilleur rendement a été atteint certainement par le nouvel écran *Fulgor* dont la maison de la Bonne Presse s'est assuré le monopole ; il résulte, en effet, des essais effectués au laboratoire des Arts-et-Métiers, que l'augmentation d'éclairement sur un écran de calicot ordinaire est de 570 pour 100.

Cet écran, souple, lavable, incassable à l'enroulement donne aux projections un aspect stéréoscopique et conserve aux couleurs leur tonalité exacte. Il est donc susceptible de fournir une économie appréciable puisqu'il permet de diminuer l'ampérage et par suite la consommation d'électricité.

Écrans transparents. — Dans toutes les salles possédant une scène de théâtre assez profonde pour installer une cabine, on a coutume d'opérer *par transparence*. Ce système fait perdre un peu de lumière peut-être, mais il a de multiples avantages. D'abord, il isole l'opérateur et lui enlève toute distraction ; ensuite la projection revêt plus de mystère.

Lorsqu'il s'agit de petites images, on fait usage soit d'un

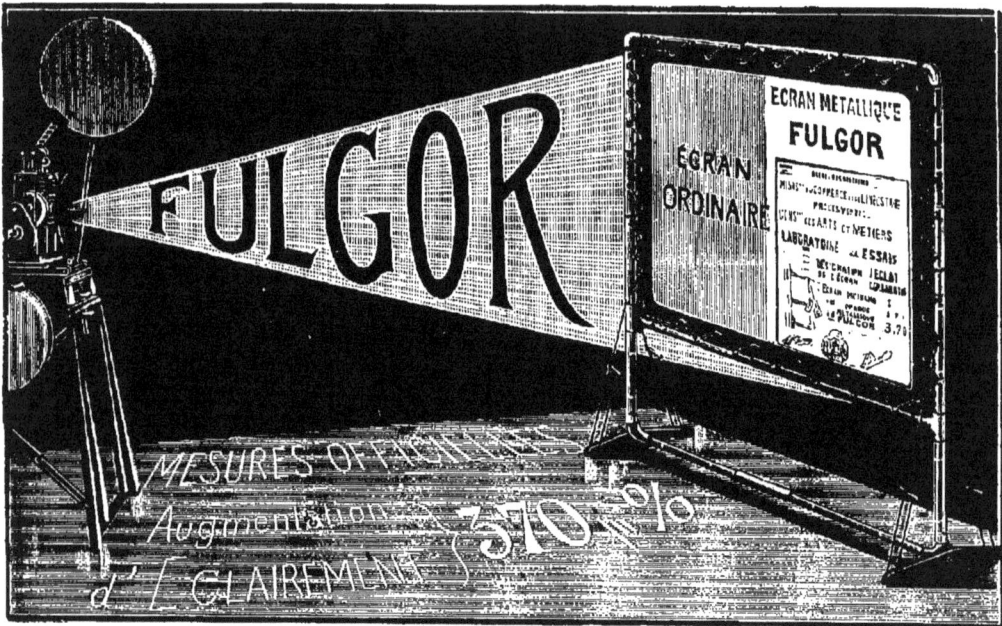

FIG. 26.

écran en papier d'architecte, en papier huilé, en toile gommée, ou même d'un verre dépoli très fin ; dans les séances ordinaires, le calicot demeure le plus employé. Mais ici se présente la première difficulté : le choix de la toile. C'est qu'en effet, un tissu trop clair laisse voir le point lumineux fort désagréable pour les spectateurs et une toile serrée absorbe une lumière considérable.

Pour rendre une toile transparente, on a proposé de l'imbiber de vernis à l'essence ; mais c'est là un mauvais procédé : le vernis jaunit et se craquèle d'une façon déplorable. Le meilleur moyen est de mouiller complètement l'étoffe à l'aide d'une grosse éponge ou d'une pompe de jardin, *en commençant par le haut*, et comme l'eau s'évapore très vite dans une salle plus ou moins surchauffée, on a soin d'y mélanger de la glycérine, dans la proportion de 10 à 15 pour 100.

L'écran *Janus*, dont la création remonte aux premiers jours de 1909, supprime le point lumineux et, s'il n'ajoute rien à la source lumineuse, il augmente son éclairement pratique en ce sens qu'il en capte les rayons qui ne vont plus se diffuser dans la salle en un halo lumineux; de plus, quel que soit l'angle sous lequel on considère la projection, elle apparaît également nette,

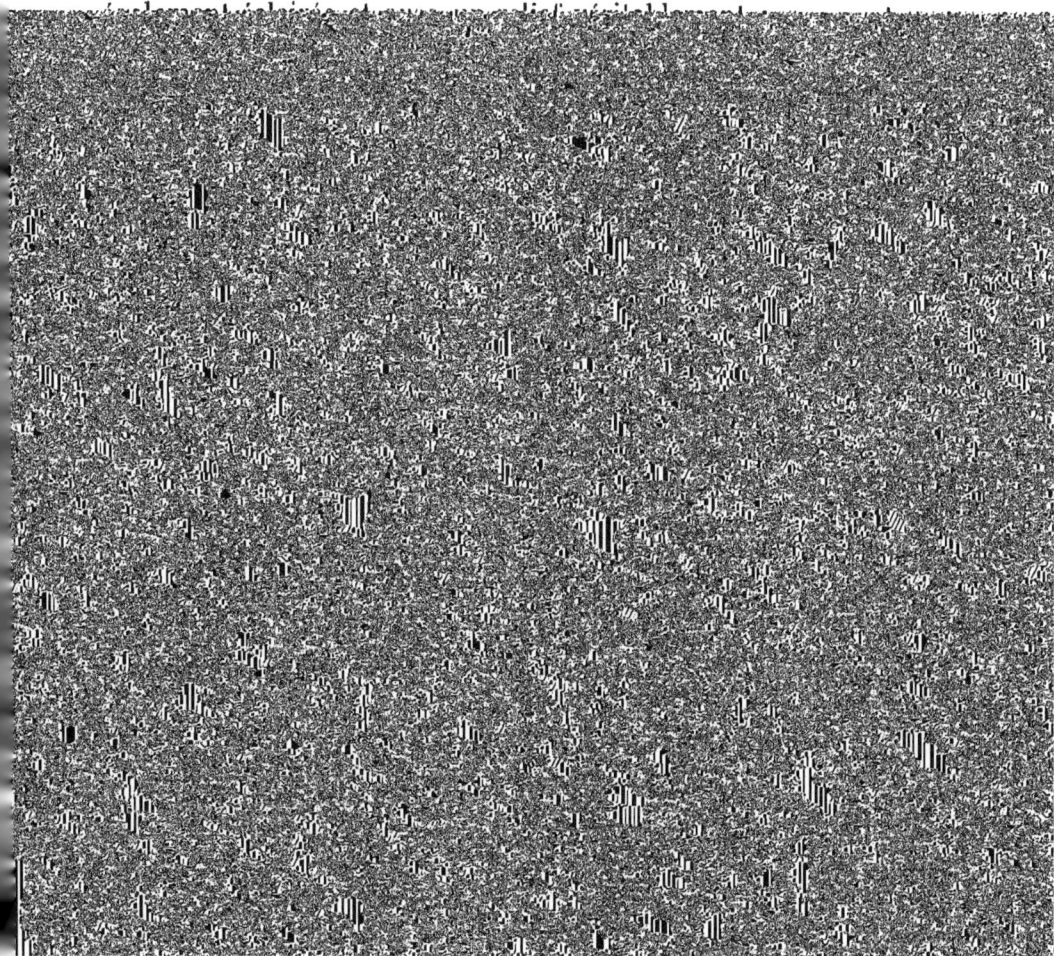

teinte brune ou imitation chêne par une simple application de la solution suivante :

Permanganate de potasse . . . . . . 15 grammes.
Eau . . . . 500 —

La quantité de permanganate décide du ton que l'on désire obtenir.

On modifie le ton brun en faisant des applications successives du colorant, alternées avec :

Bichromate de potasse. . . . . 15 grammes.
Eau. . . . . 500 —

On obtient l'imitation de noyer en faisant bouillir et appliquer à chaud :

Bichromate de potasse. . . . . 2 grammes.
Brun Van Dyck . . . . 20 —
Carbonate de soude . . . . 20 —
Eau . . . . 500 —

Montage de l'écran. — Il y a plusieurs façons de monter un écran ; mais deux systèmes sont surtout préconisés en France :

1° Le genre store, pour les écrans opaques. Dans le haut et dans le bas de la toile on ménage de grands ourlets dans lesquels on introduit deux rouleaux de bois ; une poulie et une corde permettent de le rouler comme les rideaux ou toiles de nos théâtres. Il n'y a qu'un inconvénient à ce système : c'est qu'on peut avoir à opérer dans une salle où il est interdit de planter des clous et qu'il faut s'ingénier pour trouver un moyen d'agencer convenablement son écran.

2° Pour les projections par transparence, nous ne saurions trop recommander l'écran monté à œillets : c'est incontestablement celui qui se tend le mieux et le plus rapidement. La distance qui sépare les œillets varie suivant les dimensions de la toile ; dans la pratique, elle oscille entre 0m,15 et 0m,20. On évitera les déchirures et, en même temps, on donnera plus de prise aux œillets en permettant une tension parfaite, si l'on a la précaution de doubler ou de tripler l'étoffe dans les ourlets. Le porte-écran, ou pour mieux dire le cadre, porte des clous plantés en quinconces par rapport aux œillets ; un gros piton à vis disposé dans chacun des angles reçoit les deux bouts de *ficelle de fouet* qu'on a fait passer au préalable dans l'œillet d'angle de la toile, et qu'on a noués sur l'anneau du piton après les avoir tirés le plus possible pour tendre la toile.

Quel que soit le moyen employé pour la fixer, il importe que la toile soit toujours bien tendue et par conséquent d'une solidité à toute épreuve, car les plis, comme les flottements, font varier la mise au point et donnent du flou aux images, alors même qu'on opérerait avec des objectifs de tout premier choix. Pour faciliter le glissement sur les clous, la ficelle pourra être préalablement frottée avec un morceau de cire ou de savon dur.

IV. — La cabine.

C'est à tort qu'on considéra comme draconiennes certaines mesures de prudence imposées à la suite de la Préfecture de Police de Paris, par un certain nombre de municipalités. Des accidents, trop nombreux, hélas, sont venus nous démontrer, au contraire, qu'on ne saurait jamais trop prendre de précautions.

Le cinématographe, pour une foule de raisons exprimées d'autre part, doit être isolé du public : il doit être emmuré en quelque sorte et c'est pourquoi beaucoup de cabines sont construites en matériaux incombustibles. Mais l'ordonnance préfectorale n'a voulu prévoir que des cabines métalliques (fig. 25). La plupart de celles que nous connaissons et celles que nous avons installées nous-même, sont démontables pour faciliter le transport. Leurs dimensions permettent aisément à l'opérateur la manœuvre et la surveillance de tous ses appareils : longueur, 1m60 ; largeur 1m60 ; hauteur 1m90 : poids 150 kilogrammes environ. Ces cabines se composent généralement :

FIG. 27. — Cabine démontable.

1° De huit panneaux se repliant, deux à deux, les uns sur les autres pour former les quatre côtés de la cabine ;

2° D'un toit en deux parties dont une pleine et l'autre en toile métallique munie de deux ouvertures pour la pose de deux isolateurs en porcelaine.

Les quatre panneaux angulaires sont réunis entre eux au moyen de deux barres d'attache en fer · l'une au milieu, l'autre en bas se posant dans des tenons fixés sur les panneaux ; les deux panneaux formant toit s'emboîtent dans cet assemblage.

Cette cabine est également munie de deux portes, l'une sur l'arrière et l'autre sur le côté, toutes deux avec verrous.

Pour permettre la projection fixe et la projection animée, deux ouvertures sont aménagées, celles-ci munies d'un registre obturateur à crémaillère permettant de faire varier la hauteur des trous de projection.

Sur chaque panneau d'avant, un trou visuel est réservé, celui-ci pouvant être fermé à volonté au moyen d'une trappe à glissière. Cette trappe, ou mieux ce volet automatique, a pour objet de masquer la lumière qui, en cas d'incendie d'un film, serait projetée en quantité dans la salle et pourrait effrayer les spectateurs.

Sur les autres panneaux, deux encoches sont pratiquées pour permettre de placer l'appareillage électrique nécessaire à l'opérateur.

Au plafond, deux crochets pour accrocher une ampoule électrique. Deux tôles en acier sont également fournies pour permettre l'isolement du plancher en bois.

Rappelons enfin qu'il faut toujours avoir à la portée de la main, au moins un extincteur de 5 litres, un siphon d'eau de Seltz et un seau plein d'eau, dans lequel on fait baigner une couverture qui sera d'un grand secours, en cas d'incendie, pour étouffer les premières flammes.

Naturellement, l'opérateur s'abstiendra de fumer dans la cabine.

V. — Le poste cinématographique
ou appareil dérouleur.

Une habitude, vieille déjà de plusieurs années, a consacré le terme de poste cinématographique à l'ensemble des appareils nécessaires pour passer rapidement de la projection animée à la projection fixe et *vice-versa*. Le montage d'un poste a donc un véritable intérêt, d'autant que les menus détails prennent ici une importance considérable : nous allons voir comment on procède à cette opération. Rappelons d'abord que ce matériel comprend :

1º Un appareil dérouleur;
2º Une lanterne ou boîte à lumière;
3º Un bouclier avec sa cuve à eau;
4º Une table démontable.

L'installation d'un poste n'exige aucune aptitude spéciale. Tous les appareils sont fixés sur une table en chêne ou en hêtre, souvent même en fer ou en fonte. Les modèles préconisés par la Bonne Presse se plient, de manière à réduire l'encombrement à son minimum; dans le modèle en bois, des entretoises en acier la maintiennent excessivement rigide. Il faut tenir compte, en effet, qu'au scintillement produit par une mauvaise obturation viennent s'ajouter des vibrations très désagréables provenant des fléchissements de la table-support et souvent du parquet; la table n'est donc jamais trop robuste.

Voici, sommairement énumérées, quelques indications pour le montage d'un poste complet du type ordinaire :

1º La table étant montée et les pieds à rallonges arrêtés à hauteur convenable, on fixe le dérouleur au moyen de trois vis-écrous à oreilles dont deux servent en même temps à maintenir le bras de l'enrouleuse automatique. On visse d'abord, sans la serrer à fond, la vis la plus rapprochée, du côté de la manivelle; puis la seconde vis, que l'on fait passer dans un des

trous du bras enrouleur; enfin, la troisième vis passe dans
l'autre trou du bras enrouleur, et, cela fait, les trois vis sont
serrées à fond.

Il est très important que les bras dérouleurs et l'enrouleuse
automatique soient sur le même axe perpendiculaire, sans cela
le film dérape sur les tambours dentés.

2° Dans la partie ajourée de la table-support, et sur les
rebords intérieurs du cadre, on pose la tablette mobile en tôle
russe ou en bois, sur laquelle deux glissières transversales en
acier, fixées par de fortes vis, sont disposées pour permettre de
porter la lanterne ou boîte à lumière à droite ou à gauche, suivant qu'on veut faire de la projection animée ou de la projection fixe.

Cette tablette ou socle est mobile sur la table-support, de
l'avant à l'arrière, afin de permettre un centrage rigoureux de
la lumière aux distances différentes auxquelles l'opérateur se
trouve exposé à opérer.

3° Une plaque également métallique, connue sous le nom de
bouclier, dont nous parlerons plus loin.

Le cône à projections et la cuve sont simplement accrochés
au bouclier; ils s'enlèvent à volonté pour la commodité de
l'emballage.

4° Le châssis vertical porte d'un côté deux parties saillantes
qui viennent s'appuyer sur la contre-plaque du cône de projection.

Pour passer les vues, il faut avoir soin de faire tomber dans
le châssis une plaque 8 1/2 × 10 ou une vue hors série; cette
plaque qui descend au fond du châssis sert de support à la
première vue qui devra être projetée.

Pour retirer les vues, on les prend par le bas du châssis,
entre le pouce et l'index, en les écartant légèrement de la verticale où elles sont maintenues par deux ressorts.

Avoir soin de modérer l'écartement de la vue qu'on retire; si
on l'écarte trop, au lieu de prendre la place de celle que l'on
enlève, la vue suivante peut tomber à terre et se briser.

VI. — Le système optique.

Le système optique d'un poste de cinématographie comprend :

1º Un *condensateur* placé à l'intérieur de la lanterne et dont le rôle, on le sait, est de concentrer les rayons émanant de la source lumineuse, de manière à en recueillir la plus grande partie pour les utiliser à l'éclairage de l'image. Nous n'insisterons pas sur l'importance du rôle que joue le condensateur dans tout appareil de projection ; nous dirons seulement que le verre doit être parfaitement limpide et incolore, qu'il ne doit contenir ni bulles d'air, ni stries. Une bulle d'air, une raie visible sur le verre du condensateur, ne se reproduira pas dans la projection cinématographique, mais elle sera très apparente, au contraire, lorsque nous passerons du cinéma à la projection fixe.

Pour éviter, dans la mesure du possible, le bris des lentilles, certaines précautions sont à prendre : laisser du jeu entre les lentilles ; chauffer progressivement celles-ci avant de donner à la lumière toute son intensité ; éviter les courants d'air, etc., etc. Ces petits ennuis ne se produiraient pas si l'on faisait usage du *condensateur Anticalor*, composé d'un corps en cuivre très épais dans lequel sont enfermées hermétiquement trois griffes en acier portant chacune un drageoir pour le repos des lentilles ; trois griffes supplémentaires, avec drageoir également, maintiennent une lame protectrice en verre trempé dont le contact avec le foyer lumineux est pour ainsi dire immédiat. L'action de cette lame trempée consiste à préserver la lentille d'un contact accidentel de la flamme, et comme elle est très mince, on peut considérer comme quantité négligeable la lumière qu'elle absorbe. Ce système de condensateur est par lui-même d'une extrême simplicité : une légère pression sur les ressorts dégage les lentilles et la lame trempée ; la ventilation est parfaite ; le remplacement des lentilles, même de diamètres différents, est facile.

Un nouveau condensateur (fig. 28) a été présenté [en 1913, à l'exposition de Londres, par M. G. Guilbert : les lentilles en matière extra-blanche sont placées dans une monture en cuivre

Fig. 28.

qui, par un système de fermeture à baïonnette, permet d'obtenir une très grande facilité de démontage et de remontage en même temps qu'une parfaite aération du condensateur. On doit reconnaître que cette nouvelle disposition supprime, dans la plus grande mesure possible, le bris des lentilles.

Dans quelques appareils, mais seulement lorsqu'on utilise

des sources lumineuses de faible intensité, comme la lumière oxy-acétylénique, on a remplacé le condensateur ordinaire par *un miroir dit « de Mangin »*, qui présente sur les miroirs concaves ordinaires l'avantage de se rapprocher théoriquement des miroirs paraboliques et d'avoir sensiblement la même propriété que ces derniers. Les deux surfaces réfléchissent les

FIG. 29.

rayons parallèlement à l'axe, on peut même arriver à les faire converger en un disque de 25 m/m sans qu'il y ait pour ainsi dire de déperdition de lumière.

2° L'*objectif* composé d'un système lenticulaire au travers duquel passe, en devenant nette et brillante, l'image de la vue transparente.

Disons bien vite que la perfection de l'image cinématographique dépend essentiellement des qualités de l'objectif. Jusqu'ici, on a utilisé à peu près partout la combinaison Petzval ou objectif à portrait, décrit par M. Coissac dans la *Théorie et la Pratique des Projections* et le *Manuel pratique du Conférencier-projectionniste* ; seul le diamètre des lentilles a subi quelques modifications : c'est ainsi qu'au début de la cinématographie, les objectifs étaient formés de lentilles de 34 millimètres de diamètre, puis les constructeurs en sont venus aux lentilles de 43 millimètres, donnant environ 1/4 de plus de lumière.

L'explication théorique de l'augmentation de lumière qui résulte de l'emploi d'objectifs de grands diamètres nous entraînerait trop loin ; nous nous bornerons à signaler la création récente du *Cinéopse*, objectif remarquable à la fois par sa partie optique et sa partie mécanique. Cet objectif qui bientôt, nous l'espérons, remplacera sur tous les postes d'exploitation les objectifs ordinaires est le plus pratique qui ait été construit. Les lentilles à très grand diamètre procurent une grande luminosité ; elles couvrent bien et donnent une netteté absolue dans les coins comme au centre de l'image, elles sont serties dans un tube de conception nouvelle qui rend l'objectif très maniable, facilite le nettoyage rapide et évite toute erreur dans le remontage.

Nous serions incomplet si nous ne disions quelques mots du foyer de l'objectif.

L'objectif, on le sait, n'a pas comme l'œil humain le principe d'accommodation, c'est-à-dire la faculté en vertu de laquelle l'œil peut apercevoir *nettement* des objets placés à des distances fort différentes, parce que l'image de ces objets se forme sur la rétine. C'est pourquoi, aux deux facteurs principaux, grandeurs d'image et distance de l'appareil à l'écran, correspond *un foyer* déterminé, invariable. En d'autres termes, si l'on veut obtenir d'un point donné, d'une tribune par exemple, plusieurs grandeurs d'image, il faudra utiliser des objectifs de foyers différents.

Jadis on préférait les projections par transparence et l'on utilisait les objectifs à *court foyer* ; aujourd'hui les projections cinématographiques se font surtout par la méthode directe, dite par réflexion, et les objectifs utilisés sont à *long foyer*.

Il convient de dire encore, que nombre d'opticiens de France et de l'Étranger ont encore l'habitude de mesurer le foyer des objectifs de la lentille arrière à la glace dépolie. En procédant ainsi, il arrive fatalement que deux objectifs non identiques et de même *foyer arrière* ne donnent pas sur l'écran la même grandeur d'image. Le foyer mathématique qui doit être employé est le *foyer équivalent*, mesuré du foyer réel au point nodal d'émergence.

Rien n'est plus facile que de calculer la longueur focale d'un objectif et de connaître la grandeur d'image obtenue avec un objectif placé à une distance déterminée ; le tableau ci-contre suppléera à ce travail et assurera à l'opérateur une économie de temps.

Pour la facilité de l'emploi, les objectifs sont introduits, comme le montre la figure 29, dans une monture spéciale à crémaillère dite « universelle » fixée à l'appareil.

Cette monture est munie, en outre, d'un bouton de crémaillère, d'une vis de pression servant à serrer le tube-objectif dans la monture au cas où il y glisserait un peu trop librement.

Lorsque l'on désire alterner les projections animées avec des projections fixes, ces dernières étant d'un format supérieur, 7 à 8 centimètres de côté environ, il convient d'employer un autre objectif d'un foyer bien différent de celui de l'objectif cinéma afin de donner à la projection fixe une image sensiblement égale à celle du cinématographe.

Mise en place de l'objectif. — L'objectif du ciné a été préalablement introduit dans sa monture, la lentille *la plus bombée en avant*, c'est-à-dire du côté de l'obturateur ; afin qu'aucune erreur ne puisse subsister, les constructeurs ont eu la sage précaution de graver sur l'objectif, en même temps que le foyer, une flèche indiquant le sens d'entrée dans la monture. Cette précaution prise, on centre la lumière de la même façon que s'il s'agissait de projections fixes. L'image cinématographique étant plus large que haute, on doit obtenir sur l'écran non plus un carré, mais un rectangle uniformément éclairé.

GRANDEUR DE L'IMAGE CINÉMATOGRAPHIQUE EN MÈTRES ET C/M

L'ouverture de la vue étant calculée comme mesurant 24×18 ᵐ/ₘ.

FOYERS ÉQUIVALENTS ᵐ/ₘ	\multicolumn{11}{DISTANCE DE LA VUE A L'ÉCRAN EN MÈTRES}

FOYERS ÉQUIVALENTS ᵐ/ₘ	4	6	8	10	12	14	16	18	20	25	50
50	1,75	2,60	3,50	4,55	5,25	6,10	»	»	»	»	»
55	1,70	2,05	3,40	4,15	5,10	5,95	6,80	»	»	»	»
65	1,25	1,90	3,55	3,20	3,85	4,50	5,10	5,20	5,80	»	»
70	1,15	1,75	2,50	2,90	3,50	4,05	4,60	4,95	5,25	6,10	»
75	1,10	1,65	2,20	2,75	3,30	3,85	4,40	4,70	5,25	5,80	»
80	1,05	1,55	2,10	2,60	3,15	3,65	4,20	4,40	4,90	5,40	»
85	»	1,45	1,95	2,45	2,95	3,45	3,95	4,15	4,65	5,00	6,10
90	»	1,40	1,85	2,30	2,80	3,25	3,70	4,15	4,55	4,55	6,50
95	»	1,50	1,75	2,15	2,60	3,05	3,50	3,90	4,00	5,00	6,00
100	»	1,20	1,60	2,00	2,40	2,80	3,20	3,60	4,00	4,55	5,45
115	»	1,10	1,45	1,80	2,20	2,55	2,90	3,30	3,65	4,20	5,15
120	»	1,05	1,40	1,70	2,05	2,40	2,75	3,10	3,50	4,10	4,95
125	»	»	1,50	1,65	2,00	2,30	2,65	3,05	3,20	4,00	4,80
130	»	»	1,25	1,60	1,90	2,25	2,55	2,90	3,10	3,90	4,65
135	»	»	1,40	1,55	1,85	2,15	2,50	2,80	3,00	3,75	4,50
140	»	»	1,20	1,50	1,80	2,10	2,40	2,70	2,90	3,60	4,35
145	»	»	1,16	1,45	1,75	2,05	2,30	2,60	2,90	3,60	4,35
150	»	»	1,12	1,40	1,70	1,95	2,25	2,50	2,80	3,50	4,20

Objectifs grands angulaires, dits courts foyers spéciaux

Recommandés.

	4	6	8	10	12	14	16	18	20	25	50
55	2,00	3,00	4,00	5,00	»	»	»	»	»	»	»
44	2,50	3,40	4,55	5,70	»	»	»	»	»	»	»
60	1,40	2,10	2,80	3,50	1,20	»	»	»	»	»	»

— 68 —

Pour se guider dans le centrage, on observera que la fenêtre de l'appareil dérouleur doit être inscrite dans le disque lumineux. En dehors du centrage en hauteur et du centrage latéral, il ne faut pas oublier le centrage en profondeur, que l'on rectifie en éloignant ou en rapprochant la lanterne de projection du mécanisme, ainsi qu'on le verra plus loin.

Placement de la pellicule. — Les fourches étant disposées comme il convient, on introduit dans la bobine une broche communément appelée *axe mobile*, et on pose la bobine garnie de la pellicule sur les fourches. Auparavant on a eu soin de masquer le faisceau lumineux, soit en abaissant le verre dépoli de la cuve à eau, soit en poussant la lanterne sur le côté, à la position qu'elle doit avoir pour la projection fixe.

Le film doit être enroulé de façon que les sujets aient la tête en bas. On déroule d'abord de $0^m,40$ à $0^m,50$ de film, et l'extrémité est pincée dans le ressort de la bobine placée sur le bras de l'enrouleuse.

On adapte le film sur le tambour du bas du mécanisme, puis on ferme la petite porte en s'assurant que les dents du tambour pénètrent bien dans les perforations du film. On ménage une boucle au-dessus de ce tambour et on engage la pellicule sur le tambour denté de la croix de Malte, puis on glisse le film le long du couloir et on ferme la porte. A remarquer que dans les modèles récents, il est indispensable de fermer la boucle avant de fermer la porte. Une autre boucle doit être faite au-dessus de cette porte avant d'être engagée sur le tambour débiteur du haut du mécanisme.

Les deux boucles doivent avoir de $0^m,04$ à $0^m,05$ environ ; elles ont comme objet de rendre la pellicule libre entre les deux tambours débiteurs, et d'éviter ainsi les déchirures.

Quand on opère par transparence, c'est-à-dire quand l'écran est placé entre l'appareil et le public, on met le côté gélatine (*côté mat*) vers l'objectif ; si on opère par réflexion, le côté gélatine (*côté mat*) est tourné vers le condensateur.

Sur les films très usagés il est quelquefois difficile de distinguer à la vue le côté gélatine du côté celluloïd ; en ce cas on peut se reporter sur le titre, celui-ci est lisible en regardant le côté gélatine.

Cadrage de la pellicule. — Rarement l'image se trouve cadrée exactement du premier coup ; on modifie la position de la fenêtre en manœuvrant le bouton moleté placé à l'arrière du mécanisme et décrit plus haut.

Enroulement automatique. — L'enroulement automatique doit être réglé soigneusement pour éviter un tirage trop fort ou trop mou. L'enroulement parfait d'une bande dépend de ce réglage qui, mal fait, peut déchirer la bande ou la laisser traîner à terre et occasionner la perte du film.

Il est indispensable de surveiller l'enroulement du film pendant la marche.

Cuve à eau. — Pour absorber la chaleur dégagée par les rayons lumineux, on emplit la cuve d'eau froide ayant bouilli, qui ne produit pas de bulles, et que l'on a, au préalable, additionnée de 20 pour 100 d'alun ou 5 pour 100 d'acide acétique.

La contenance d'une cuve à eau ne doit pas être inférieure à un demi-litre.

Les cuves à eau doivent pouvoir être changées rapidement et l'opérateur doit en avoir deux complètement remplies à la portée de sa main, suivant les prescriptions de la Préfecture de Police qu'il faut lire et relire souvent.

Marche à l'électricité. — Les opérateurs qui disposent de l'électricité emploieront avec succès pour actionner le cinématographe un petit moteur avec rhéostat, réglable à volonté, qui assurera une marche automatique et régulière. A cet effet, les constructeurs ont pris la bonne précaution de disposer derrière l'arbre porte-obturateur, abritée sous un pont, une poulie sur laquelle se place une courroie qui est entraînée par un petit moteur fonctionnant sur courant continu ou alternatif. Un rhéostat indépendant accompagne chaque moteur; placé à la portée de la main, il permet, pendant la marche, d'agir sur la vitesse du moteur pour accélérer ou réduire celle du projecteur.

Le moteur est fixé sur la table du projecteur; quant au rhéostat, il peut être accroché sur le côté, au moyen de deux pitons ordinaires.

La lanterne. — Tous les appareils de projection peuvent être utilisés comme boîtes à lumière pour le cinématographe, à condition d'enlever l'objectif et d'interposer entre le condensateur et la pellicule une cuve à eau destinée à absorber les rayons caloriques.

Dans la pratique, la lanterne du poste est disposée derrière un bouclier métallique, dont nous parlerons plus loin; elle glisse sur deux rails et se déplace latéralement, de manière à être utilisée à volonté pour la projection fixe ou la projection animée : il suffit pour cela de la tirer ou de la pousser avec la main et de l'amener devant l'ouverture du cône de projection ou celle de la cuve à eau.

Le châssis passe-vues trouve également son emploi, en avant de la cuve, chaque fois qu'il est fait usage de sources lumineuses très intenses, comme l'électricité. Dans l'un des cadres, on place un verre dépoli amoindrissant la lumière et la chaleur pendant le montage de la pellicule et, par suite, empêchant tout échauffement; de plus, ce verre dépoli diffuse la lumière et permet à l'opérateur de mettre la bande plus facilement en place. Dans le deuxième cadre, on placera une vue ordinaire 8 1/2 × 10, qui est le format du Congrès, portant, soit le titre du tableau à projeter, soit un lever de rideau, une réclame, etc., et on la projettera au changement de sujet.

On nous permettra de ne pas insister ici sur la pratique des projections fixes, notre cadre serait débordé, et, du reste, M. Coissac a traité la question de façon absolument complète, dans les ouvrages signalés plus haut, ouvrages qui font autorité dans tous les pays : nos lecteurs n'auront qu'à s'y reporter.

Le bouclier. — Un poste comprend, outre le dérouleur proprement dit et la lanterne, un bouclier. Ce bouclier est monté à charnières ou à pivots sur un socle ou plateau en bois ou en métal, il est maintenu dans la position verticale par deux branches métalliques en arc-boutant qui s'y fixent avec des boutons à vis.

La planchette ou socle est mobile sur la table, de l'avant à l'arrière, afin de permettre un centrage parfait aux distances différentes auxquelles on est exposé d'opérer. Il porte également deux rails parallèles sur lesquels glisse la lanterne, comme il est dit plus haut.

Le bouclier possède deux ouvertures circulaires correspondant au diamètre du condensateur de la lanterne. En avant de l'une de ces ouvertures est placée une cuve à eau spéciale portant à l'avant un petit cône qui évite la dispersion des rayons lumineux et un verre dépoli qui arrête les rayons caloriques et empêche l'échauffement de la pellicule pendant le temps nécessaire pour la mise en place; en avant de la seconde se trouve un cône pour les projections fixes. Dans ce dernier il y a un espace réservé pour y placer un châssis passe-vues vertical (le châssis va-et-vient ne pouvant être employé à cause de la cuve à eau placée de l'autre côté).

Le cône et la cuve sont simplement accrochés au bouclier et par conséquent s'enlèvent à volonté pour remballer le matériel lorsque la représentation est terminée.

VII. — Choix d'un éclairage.

La grande question à résoudre est toujours celle de l'éclairage. Il ne faut pas se dissimuler, en effet, que les projections cinématographiques demandent une source lumineuse d'une grande intensité, pour la raison bien simple qu'il s'agit, dans le cas qui nous intéresse, d'obtenir une très grande image d'un très petit objet; il faut, en outre, tenir compte de l'opacité relative du celluloïd qui sert de support à la couche sensible du film.

Il n'y a pas là, comme d'aucuns l'ont écrit, une question de convenance ou de difficultés, il y a une question fondamentale.

Nous avons, par ailleurs, évalué à 100 bougies par mètre carré la lumière raisonnablement nécessaire pour obtenir de bonnes projections fixes, avec des diapositives mesurant 7 centimètres de côté, soit, en chiffres ronds, 50 centimètres carrés. Or, l'image *utilisée* en cinématographie ne dépassant pas 6 centimètres carrés, on conçoit facilement que, même en faisant abstraction de la différence de translucidité existant entre la diapositive sur verre et la bande, la quantité de lumière suffisante pour couvrir un écran de mêmes dimensions devrait être au moins huit fois plus grande. En d'autres termes, il faut compter, pour le cinématographe, non plus 100 bougies par mètre carré, mais bien 800 bougies.

Voilà de quoi jeter la perturbation dans le monde des amateurs; tel n'est pas notre but, mais il ne faut pas oublier que la lumière décroît proportionnellement à l'amplification de l'image. L'exemple suivant fera mieux comprendre : lorsqu'on fait une projection de 2 mètres de côté, la lumière fournie par l'appareil éclaire une surface de 4 mètres carrés; si on double la hauteur de l'écran, il aura 4 mètres de côté, et la même quantité de lumière sera dispersée sur une surface de 16 mètres carrés; chaque détail de la projection sera par conséquent quatre fois moins éclairé que lorsque l'écran n'avait que 2 mètres de côté.

La question de l'éclairage des appareils de projection, et du cinématographe en particulier, est beaucoup plus complexe qu'on se l'imagine; nous dépasserions le cadre que nous nous sommes tracé en lui donnant toute l'ampleur qu'elle comporterait. Tout comme M. Ducom, nous renvoyons nos lecteurs aux traités spéciaux et volontiers nous faisons nôtre l'appréciation qu'il formule à la page 290 de son *Traité de Cinématographie* :
« Parmi ceux-ci, nous nous permettons de leur signaler, en toute

indépendance, la *Théorie et la Pratique des Projections*, de G.-Michel Coissac, directeur des importants services de projections et de photographie de la Bonne Presse. A notre avis, c'est certainement le livre le plus pratique et le plus complet qui existe sur cette question si intéressante. »

Cependant nos lecteurs ne nous pardonneraient pas d'escamoter complètement le principe même des éclairages de fortune utilisés par les amateurs et quantité d'industriels forains ; ne pouvant traiter à fond cette question, nous allons du moins en dire quelques mots :

Quelles sont, d'après M. Coissac, les sources lumineuses que peuvent utiliser les opérateurs cinématographistes?

L'arc électrique se place tout naturellement au premier rang; aucun éclairage ne convient mieux, aucun ne permet des projections aussi brillantes, aucun ne donne mieux la possibilité de faire grand, chose indispensable lorsqu'on opère à grandes distances dans des salles très vastes.

A défaut d'électricité, les opérateurs ont le choix entre trois sources lumineuses intensives :

1° La lumière *oxy-éthérique* produite par la combustion d'un jet d'oxygène saturé de vapeurs d'éther qui portent à l'incandescence un bâton de chaux ou tout autre bloc réfractaire, la pastille *Diamant*, par exemple, produit final d'oxydes de thorium et de cérium à l'état d'absolue pureté.

Considérée à tort comme dangereuse, dénigrée par des personnes plus ou moins intéressées, la lumière oxy-éthérique est, depuis dix ans surtout, en grande faveur dans le monde de la projection fixe ; très belle, excessivement fixe et facile à obtenir, elle ne trouve que très rarement aujourd'hui des détracteurs. Le matériel nécessaire à sa production comporte : 1° un appareil fournissant l'oxygène : tube ou générateur; 2° un saturateur appelé aussi carburateur dans lequel s'effectue le mélange d'oxygène et de vapeurs d'éther.

On trouve d'excellents carburateurs, point dangereux du tout, chez Radiguet et Massiot, Demaria, etc. ; mais une mention

toute particulière doit être donnée au modèle « Le Royal »,
construit par la Maison de la Bonne Presse, firme parisienne
qui, depuis de longues années, par des étapes souvent laborieuses,
s'est imposée à l'attention du monde projectionniste et cinématographique. Cet appareil constitue, à n'en pas douter, non
seulement l'appareil de précision par excellence, mais aussi
l'appareil le plus sûr, et nombreux sont les exploitants de ciné-

Fig. 3o.

mas qui, l'ayant vu fonctionner, voudront le posséder, tout au
moins comme éclairage de secours.

Ainsi que le montre la figure ci-dessus, « Le Royal » réunit
sous un volume relativement réduit le saturateur oxy-éthérique
et le chalumeau indépendant, avec tous les réglages d'une
lampe à arc perfectionnée.

Le dispositif adopté évite, plus encore que dans tous les
autres modèles, l'échauffement par conductibilité ; de plus, il
permet de maintenir le corps du carburateur à une température
constante, ce qui évite la condensation.

Il ne faut pas oublier, en effet, que tout corps qui s'évapore produit du froid. C'est là un phénomène bien connu qui s'explique ainsi en physique : quelle que soit la température à laquelle se produit une vapeur, il y a toujours disparition de chaleur.

Le nouveau carburateur « Le Royal » a donc tous les avantages : il se compose de deux parties bien distinctes, le carburateur (S) proprement dit, d'une part, et le chalumeau (C), de l'autre ; le corps, en bronze massif, est d'une solidité à toute épreuve ; le chalumeau est pourvu d'une chambre de mélange à parois très résistantes, et les oppositions qui la garnissent évitent tout retour de flamme. Les boutons et crémaillères permettent le centrage parfait de la lumière dans toutes les directions, sans avoir à déplacer l'appareil une fois introduit dans la lanterne.

La charge d'éther est de 70 à 75 centilitres et sa durée normale est d'environ 4 heures.

Un des principaux avantages de ce nouveau modèle consiste en ce que le remplissage se fait avec une grande facilité et une sécurité absolue. Il suffit de verser l'éther jusqu'à ce que le trop-plein coule par un bouchon de niveau placé sur le côté de l'appareil.

Soucieuse de sa bonne renommée, la Maison de la Bonne Presse a, tout récemment, doté ce merveilleux appareil d'un éjecteur spécial qui augmente considérablement l'intensité lumineuse et fait du carburateur « Le Royal » le vrai roi des chalumeaux oxy-éthériques. Et, comme garantie de ses affirmations, elle l'a présenté au service de photométrie du Conservatoire des Arts et Métiers, dirigé par le Chef de la section de physique. Les essais, plusieurs fois renouvelés, non plus avec le bâton de chaux, mais avec la fameuse pastille *Diamant* en oxydes de terres rares, ont accusé une intensité inconnue jusqu'ici, soit **2540 bougies**, laissant ainsi très loin tous les chalumeaux français et étrangers présentés aux essais photométriques d'un laboratoire officiel.

2º La lumière *oxy-acétylénique* obtenue par un mélange d'oxygène et d'acétylène.

Comme dans la lumière oxy-éthérique, l'oxygène peut être fourni par un tube contenant le gaz comprimé ou bien par un générateur qu'alimente un produit chimique, l'oxygénite.

Dans le poste « Oxydella », des établissements J. Demaria, l'oxygénite dégage de l'oxygène par incinération en vase clos,

Fig. 31

à raison de 500 litres de gaz par kilogramme. Une poudre d'allumage est nécessaire pour provoquer sa combustion ; mais ni l'un ni l'autre de ces produits n'offre le moindre danger dans les manipulations.

Pour la production de l'acétylène, le générateur fonctionne avec des comprimés Delta, de la maison Boas, Rodrigues et Cie, qui ont sur le carbure de calcium du commerce l'avantage d'une production régulière du gaz ; de plus, ils ne répandent aucune odeur et peuvent être jetés impunément dans n'importe quel endroit.

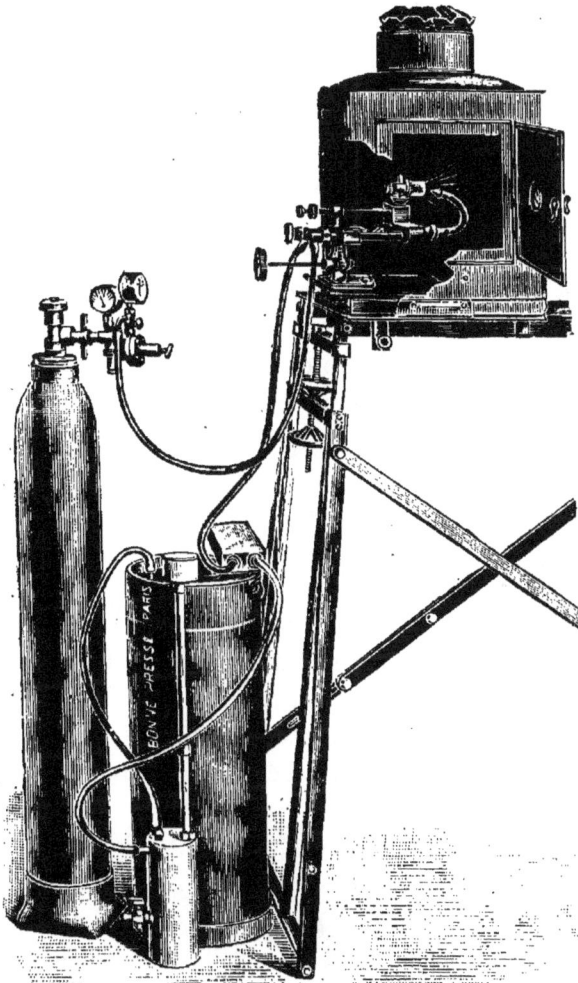

Fig. 32.

Le chalumeau, de construction robuste, assure un pouvoir éclairant d'environ 3000 bougies.

Le poste de la Maison de la Bonne Presse se présente de

façon un peu différente. Son chalumeau, basé sur un principe absolument nouveau du système Giffard, a toute l'apparence d'un chalumeau à mélange employé ordinairement dans la projection fixe : à gauche, un pointeau règle le débit de l'acétylène ; à droite, une olive reçoit l'oxygène dont la pression est réglée au moyen d'un mano-détendeur. Cette pression, qui varie entre 100 et 500 grammes, suivant le débit d'acétylène, pousse activement le mélange des deux gaz hors du chalumeau et assure la combustion extérieure sans crainte des retours de flamme. Une instruction très détaillée comportant tous les conseils utiles accompagne chaque appareil. Là, comme partout ailleurs ou à peu près, nous voyons employer les pastilles *Diamant*, composées, dit M. Coissac, de matières choisies, agglomérées avec des oxydes de terres rares, le tout ayant subi une préparation spéciale et ayant été cuit pendant très longtemps dans des fours électriques, Elles ont l'avantage de donner, sous le plus petit volume possible, un foyer lumineux très puissant et de résister à la température très élevée des flammes oxhydrique et oxy-acétylénique. En outre, ces pastilles n'absorbant pas l'humidité atmosphérique, peuvent se conserver indéfiniment, sans précaution spéciale.

FIG. 33

5° La *lumière oxhydrique* obtenue par un mélange d'oxygène et d'hydrogène sous pression. Ces gaz, on le sait, sont fournis par l'industrie dans des tubes en acier étiré d'une seule pièce, munis d'un chapeau à vis qui protège les soupapes et robinets et d'une garniture inférieure formant pied. Ces récipients sont éprouvés à 300 kilogrammes et timbrés par le service des mines à 200 atmosphères ; l'épreuve doit être renouvelée tous les trois ans.

L'hydrogène et l'oxygène comprimés sont utilisés avec des chalumeaux à mélange concentrique dont le pouvoir éclairant varie entre 1200 et 5000 bougies. Nous signalerons, en passant, le chalumeau de précision à très haute puissance, de la Bonne Presse, monté sur plateau à crémaillère permettant à l'aide des deux gros boutons molletés en fibrine le centrage en hauteur aussi bien que le mouvement latéral. Il comprend une manette

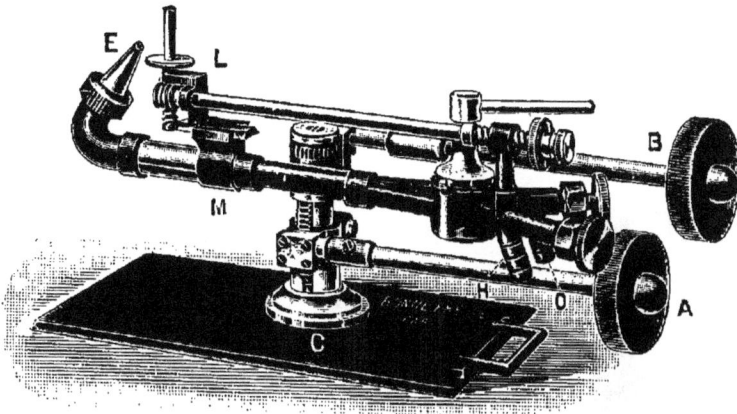

Fig. 34.

pour mettre en veilleuse, deux pointeaux micrométriques pour le réglage des gaz et une longue tige à double pas de vis pour le réglage du bâton de chaux ; cette tige n'a plus d'utilité avec les pastilles de terres rares.

Voici, maintenant, quelques indications générales sur le fonctionnement de la lumière oxhydrique :

Il faut d'abord recourir à une usine d'électro-chimie : *Air liquide, Électrolyse Française, Oxhydrique Française*, etc., pour avoir soit en achat, soit en location, deux tubes, l'un rempli d'oxygène et l'autre d'hydrogène, et apprendre à les manipuler.

Pour se servir d'un tube, on enlève d'abord le chapeau et l'on visse sur la valve du tube un appareil spécial permettant de détendre le gaz à la pression convenable. Tous les projectionnistes savent, en effet, que le gaz ne doit pas parvenir à la lanterne avec toute la pression qu'il possède et qui tend à décroître au fur et à mesure de l'emploi : la lumière obtenue en mettant en communication directe le tube et le chalumeau n'aurait aucune régularité.

Les deux récipients étant pourvus de leur détendeur respectif, il faut les relier par deux tubes de caoutchouc au chalumeau dont nous avons déjà parlé, l'hydrogène allant à l'olive de gauche généralement marquée H et l'oxygène à l'olive de droite marquée O.

On ouvre le pointeau H du chalumeau ; ensuite on ouvre le tube d'hydrogène en donnant d'abord une faible pression, c'est-à-dire jusqu'à ce que le gaz s'échappant fasse entendre un léger sifflement à l'éjecteur du chalumeau. A ce moment on allume ; la flamme est très haute et dépasse de $0^m,08$ à $0^m,10$ le bâton de chaux ou la pastille de terres rares. Ouvrir ensuite le tube d'oxygène, puis le pointeau de droite du chalumeau et augmenter graduellement la pression, autrement dit le débit de ce gaz, de manière à réduire progressivement la flamme à un point, tout en portant le corps réfractaire à une incandescence très

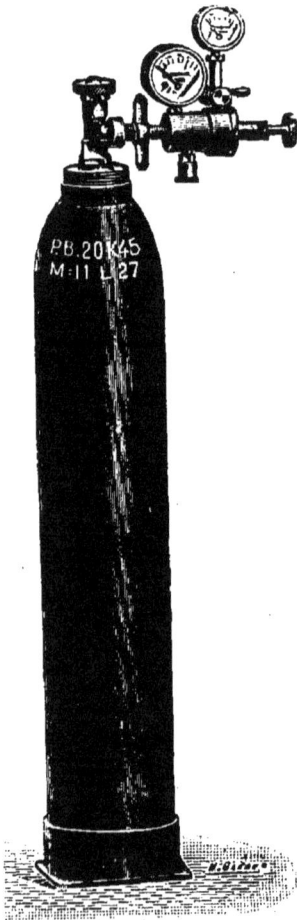

FIG. 35.

vive et faisant disparaître toute trace de flamme rouge (*ne jamais allumer un chalumeau avec une bougie ou un rat de cave*).

L'intensité lumineuse est modifiée par un débit rationnel des deux gaz.

« Pratiquement dit M. Coissac, un bon chalumeau débitant à l'heure 250 litres d'oxygène et trois fois plus d'hydrogène, soit

750 litres, donne 2850 bougies environ avec un bâton de chaux
et 3200 bougies avec une pastille *Diamant*.

Pour la pression utile des gaz, elle se place, avec ce chalumeau, entre 200 à 300 grammes.

La lumière oxhydrique étant bien réglée est excessivement
fixe, brillante avec un ton chaud et la combustion silencieuse.

Nous avons parlé plus haut d'un appareil servant à détendre
le gaz ; nous aurions pu dire des appareils, car il en existe de
plusieurs sortes : le régulateur à vis micrométrique, à peu près
abandonné aujourd'hui parce que manquant de précision ; le
régulateur automatique dont le type Beard est le plus connu, que
l'on utilise surtout pour les faibles intensités ; le *mano-détendeur*
considéré à juste titre comme un outil de précision, dont plusieurs modèles, inspirés du type allemand de Draeger, sont
établis dans des conditions de robustesse telles que leur emploi
est absolument sans danger.

Le fonctionnement des détendeurs en général s'accompagne
souvent de défectuosités
trahissant des altérations
des organes essentiels ;
celles que l'on rencontre
le plus souvent sont les
fuites, le manque de dé-
bit, l'inexactitude du manomètre de détente (*ai-
guille décalée* par suite de
l'ouverture trop brusque
du tube), etc.

Un mano-détendeur
comprend les organes sui-
vants :

1° Un manomètre F in-
diquant la pression inté-

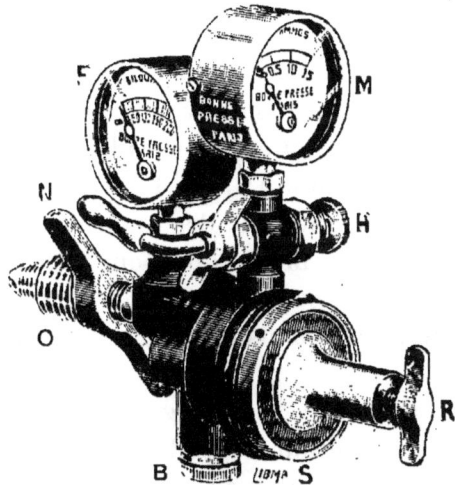

Fig. 36.

rieure et permettant de se rendre compte à tout instant de la
quantité de gaz qui existe dans le tube ;

2° Un manomètre M indiquant la pression du gaz détendu

3º Un détendeur de précision muni d'un pointeau micrométrique R, pointeau qui permet de varier la pression du ressort du détendeur et de modifier par conséquent la pression de détente ou de sortie du gaz ;

4º Un raccord ou écran différenciel à ailettes O fixant l'appareil sur le tube ;

5º Un raccord N sur lequel se fixe le caoutchouc conduisant l'oxygène ou l'hydrogène au chalumeau ;

6º Une soupape de sûreté B.

La mise en route se fait très facilement. Après avoir vissé le mano-détendeur sur la bouteille, on ouvre la valve du récipient. On ouvre H, puis on visse graduellement R jusqu'à ce que l'aiguille de M indique la pression en kilos désirée. Avoir soin de dévisser R après la séance et refermer la valve du tube.

Pour faciliter à l'opérateur la connaissance de la quantité de gaz restant dans un tube, le *manomètre F* est en communication constante avec l'intérieur du tube, de sorte qu'il suffit de multiplier le chiffre de la capacité gravé sur le récipient par celui marqué au manomètre. Exemple : on utilise un tube de 1700 litres, dont la capacité réelle en litres d'eau est de 11 litres 35, chargé à la pression de 150 atmosphères; après avoir fonctionné deux heures, l'aiguille du cadran ne marque plus que 100, il reste dans le tube $11,35 \times 100 = 1135$ litres de gaz.

*Le fonctionnement des mano-détendeurs pour hydrogène est exactement le même que pour ceux à oxygène ; mais pour les distinguer de ceux-ci et éviter des erreurs et des accidents, ils sont toujours peints en rouge et se vissent à gauche.

4º La *lumière électrique* par lampe à arc voltaïque, dont le pouvoir éclairant dépend d'abord de l'*intensité* du courant qui traverse les charbons ; en faisant varier cette intensité, on peut modifier la puissance lumineuse dans des limites très étendues, de quelques centaines à des dizaines de milliers de bougies.

A intensité de courant égal, la *longueur de l'arc*, c'est-à-dire l'intervalle qui sépare les deux charbons, constitue un facteur qui influe essentiellement sur le pouvoir éclairant d'une lampe.

Si la distance entre les pointes de charbon est trop considérable la lumière n'est pas fixe, elle s'éteint souvent. Dans la pratique, il faut régler la longueur de l'arc d'après le nombre d'ampères qui traversent la lampe. En général, on arrive aux chiffres suivants : pour les lampes alimentées par un courant de 5 à 6 ampères, la distance entre les charbons est de 1 à 2 millimètres; pour les lampes de 8 à 10 ampères, à 3 millimètres au maximum; enfin dans les lampes très puissantes (20 ampères et au-dessus), on peut aller jusqu'à 4 ou 5 millimètres.

On admet, comme moyenne, qu'une lampe à courant continu fournit une intensité lumineuse de 100 bougies par ampère. Comme cette lampe exige à ses bornes une tension de 40 à 50 volts — soit 45 volts en moyenne, — il en résulte que l'on obtient 100 bougies pour une consommation de 45 watts. Par conséquent, si l'on fait abstraction des pertes dans les canalisations, un cheval-vapeur (736 watts) est susceptible de fournir 1200 bougies. Nous croyons cette appréciation un peu trop théorique; l'expérience et des comparaisons multiples nous permettent d'affirmer que l'évaluation en bougies du pouvoir éclairant d'une lampe à arc ne se fait pas aussi facilement, et que d'autres facteurs entrent en ligne, comme les charbons, par exemple.

La lumière électrique étant, à notre avis, l'éclairage de l'avenir mérite de retenir plus particulièrement notre attention; nous voulons espérer que nos lecteurs ne nous reprocheront pas d'entrer jusque dans les petits détails :

Production de l'électricité. — Nous ne remonterons ni à Davy, ni à Volta ; nous laisserons de côté les travaux de Daniell et de Bunsen et ne nous préoccuperons pas davantage des bougies Jablochkoff qui servirent à l'éclairage dans l'Exposition universelle de 1878; nous avons besoin d'un courant électrique, cherchons comment le produire, où le trouver, et apprenons à nous en servir d'une manière pratique.

Si la ville dans laquelle on doit installer un cinématographe possède le courant électrique, la question est toute résolue. Inutile de chercher ailleurs ; rien ne sera plus pratique et plus économique que d'emprunter à la canalisation urbaine le courant nécessaire.

Si, au contraire, la ville n'a pas l'électricité, il faut recourir à l'un des trois moyens suivants : 1° la faire soi-même au moyen d'un moteur et d'une *dynamo* mue par une force mécanique quelconque, locomobile, roue hydraulique, moteur à gaz, au pétrole ou à l'essence ; 2° l'emmagasiner dans des *accumulateurs* qui la débitent ensuite suivant les besoins ; 3° la produire au moyen de *piles électriques*.

Repassons en sens inverse la série de ces moyens pour écarter tout de suite les moins avantageux.

La production électrique au moyen de *piles* est très coûteuse et très encombrante, parce qu'il faut un groupe considérable de piles pour produire l'énergie suffisante ; enfin elle présente, suivant les piles, des inconvénients d'odeur et des dangers de manipulation de produits acides ou toxiques rédhibitoires.

Les *accumulateurs* d'énergie électrique offrent eux aussi quelques-uns de ces inconvénients.

Ce sont des appareils assez chers, encombrants, et surtout très lourds ; cette dernière considération est de grande importance, car il faut les transporter, quand ils sont épuisés, c'est-à-dire quand ils ont dépensé leur charge, au centre où ils pourront être rechargés.

Une ville qui n'est pas éclairée à la lumière électrique peut avoir des industries usant de l'électricité et la produisant au moyen de moteurs. Ces industries — usines, lignes de tramways, etc. — peuvent consentir à recharger, contre paiement, les accumulateurs épuisés, mais il faut pour chaque chargement transporter les accumulateurs du local où on les entrepose à l'usine de recharge et les rapporter. Ces transports sont assez onéreux et désagréables ; ils rendent donc l'usage des accumulateurs peu pratique dans l'emploi du cinématographe.

Définition du courant électrique. — Dans la pratique, on ne tient généralement compte que de deux éléments : la *tension* et la *quantité*.

Le courant électrique présente, on le sait, toutes les analogies d'une canalisation d'eau ; or, la tension électrique correspond à peu près à la pression dans l'écoulement de l'eau, et le niveau se nomme *potentiel*, en d'autres termes la tension est le résultat de la différence de niveau ou *différence de potentiel* entre le réservoir et le robinet, le réservoir étant analogue au *pôle positif* (+) et le robinet au *pôle négatif* (—). Plus haut sera le réservoir d'eau, plus forte sera la pression du liquide aussi bien au robinet que dans toute la canalisation. De même, plus la différence de potentiel entre le pôle positif et négatif d'une dynamo sera considérable, plus importante sera la tension du courant. Donc, *différence de potentiel, tension*, et aussi *force électromotrice*, peuvent être considérées comme même chose, l'une et l'autre se mesurant avec la même unité qu'on a dénommée *volt*, du nom du fameux physicien Volta.

Avec le courant électrique, ce n'est plus un tube qui réunit les deux potentiels différents, mais bien un *conducteur*.

La quantité débitée par un flux électrique est comparable au volume d'eau qui passe dans une conduite. On a conservé en électricité le mot *débit*, mais on lui préfère généralement le mot *intensité* du courant. Et tandis que le volume d'eau se compte par litres, la quantité électrique se calcule par ampères et l'unité qui sert à mesurer l'intensité s'appelle *ampères*, du nom d'un célèbre physicien français.

La résistance se mesure avec l'unité appelée *ohm*, nom d'un physicien allemand célèbre. L'ohm équivaut à la résistance opposée au passage d'un courant par une colonne de mercure de 106 centimètres de longueur, de 1 millimètre carré de section, à la température de 0° C.

Disons de suite que l'intensité agit surtout par sa masse sur les masses qui lui sont opposées. La tension est toute en longueur et la quantité toute en largeur, on comprend donc que l'une ne puisse exister sans l'autre, et que la figure par laquelle on représentera les deux éléments d'un courant, *volts et ampères*, devra avoir une certaine largeur et une certaine longueur.

Le travail retiré d'un courant électrique garde le nom de *travail* et s'exprime également, comme en hydraulique, par cheval-vapeur.

Quant à la puissance fournie par le travail produit par un courant électrique, elle garde le nom de *puissance* et se mesure avec la même unité que tout travail mécanique, c'est-à-dire à l'aide du *cheval-vapeur*, qui équivaut à 75 kilogrammètres (¹), ou du *Poncelet* (100 kilogrammètres). On fait aussi grand usage, en ce qui concerne la puissance, d'un autre terme, le *watt*, considéré comme l'unité d'énergie électrique; ce nom vient du célèbre inventeur anglais de la machine à vapeur. Les watts sont le produit des volts par les ampères.

Pour mieux nous faire comprendre, supposons un courant de 120 watts, nous aurons comme facteurs : 1 ampère sous 120 volts, 2 ampères sous 60 volts, 4 ampères sous 30 volts, 8 ampères sous 15 volts, etc., mais, dans chaque cas, le courant possède des qualités différentes.

Voyons maintenant la corrélation existant entre le watt et le cheval-vapeur : le watt est la 736ᵉ partie d'un cheval-vapeur, ou, si l'on préfère, 736 watts correspondent exactement à la puissance d'un cheval-vapeur. Mais ce sont là des données théoriques qui n'ont pas encore trouvé leur réalisation pratique et c'est ainsi que les meilleures dynamos ne rendent guère que 550 watts par cheval-vapeur absorbé.

Formes de courants. — Pour le cas particulier qui nous intéresse, c'est-à-dire l'alimentation d'un arc électrique, il nous faut envisager les différentes sortes de courants qui peuvent être mis à la disposition des cinématographes, suivant les villes.

COURANT CONTINU. — On appelle courant *continu* tout courant électrique qui s'écoule régulièrement sans variation ni interruption, comme celui d'une pile ou d'un accumulateur. Ce

(1) Le kilogrammètre est la force nécessaire pour élever en une seconde un poids de 1 kilogramme à un mètre de hauteur.

courant, à polarité invariable, est tout indiqué pour le fonctionnement de l'arc électrique ; avec lui la flamme demeure constamment fixe et silencieuse et la lumière projetée sur l'écran est infiniment plus claire et plus blanche qu'avec le courant alternatif.

Courant alternatif. — Un courant est dit *alternatif* lorsqu'il parcourt un circuit, tantôt dans un sens, tantôt dans le sens opposé, suivant des époques régulières qu'on appelle *périodes*. Le nombre de périodes parcourues dans une seconde prend le nom de *fréquences*. Les fréquences les plus usitées sont de 42 à 50 périodes, cependant on en rencontre de 25 et au-dessous (¹).

Le courant alternatif est appelé à se généraliser, car il permet le transport de l'énergie électrique à des distances considérables et cela dans des conditions particulièrement avantageuses.

On peut dire, de façon générale, que le courant alternatif, qu'il se présente sous l'un des trois dispositifs connus : monophasé, diphasé ou triphasé, fait le désespoir de ceux qui en font usage pour la projection. En effet, il y a quelques difficultés à s'en servir ; non seulement il exige une surveillance constante pour le maintien de l'arc entre les deux *électrodes* ou charbons, mais il produit une sorte de bourdonnement correspondant au nombre de périodes.

Le rendement lumineux est, à consommation égale, inférieur de 50 pour 100 environ à celui du courant continu : de telle sorte que s'il est possible de faire du cinématographe avec 20 ou 25 ampères en continu, il faudra 40 ou 50 ampères en alternatif pour obtenir le même éclairement sur l'écran.

Transformation du courant alternatif. — Nombreux sont les inventeurs et les praticiens qui ont recherché une solution pratique, permettant de tirer parti du courant alternatif, en le transformant. Les moyens signalés ne manquent pas ; tous sont

(1) Le nombre de fréquences du courant doit toujours être demandé à l'ingénieur dirigeant l'usine de production lorsqu'il s'agit de la commande d'un transformateur ou d'un moteur électrique.

présentés avec les avantages et on a soin de passer sous silence les inconvénients.

Le transformateur idéal n'existant pas encore, nous allons nous efforcer de passer en revue quelques appareils qui ont fait leurs preuves et de donner des renseignements suffisants pour former l'opinion des opérateurs.

Partout où la question dépense n'intervient pas, il ne faut pas hésiter à utiliser un groupe convertisseur composé d'un moteur à courant alternatif qui actionne une dynamo à courant continu.

Transformateur. — Le transformateur peut agir sur la *qualité* seule du courant, soit en même temps sur sa *qualité* et sa *forme*; de là deux classes de transformateurs :

1° Les transformateurs *homomorphiques*, agissant sur les qualités seulement ;

2° Les transformateurs *polymorphiques*, agissant sur les qualités et la forme.

I. TRANSFORMATEURS HOMOMORPHIQUES. — Ces transformateurs, nous l'avons dit, n'agissent que sur la qualité, c'est-à-dire sur la tension et sur l'intensité.

En projection comme en cinématographie, les lampes à arc ne demandent qu'une tension d'environ 40 à 45 volts aux bornes s'il s'agit de courant continu et de 50 à 55 volts s'il s'agit de courant alternatif ; si donc le secteur fournit un courant de 220 volts alternatif, il faudra nécessairement absorber la différence, soit :

$$220 - 55 = 185 \text{ volts.}$$

L'absorption de cette différence est faite généralement au moyen d'un appareil appelé *rhéostat* que nous décrirons plus loin et qui consomme ce voltage supplémentaire sous forme de chaleur nullement profitable et plutôt préjudiciale pour l'opérateur obligé d'être auprès de ce dégagement de chaleur.

Les transformateurs homomorphiques ont ici leur place marquée. Outre qu'ils réalisent une grande économie, ils ont l'avantage de pouvoir abaisser la tension dans de très grandes proportions : 5.000 à 110 volts et même plus.

Exemple. — Le secteur fournissant 220 volts alternatif, rien n'est plus facile que d'abaisser cette tension à 110 volts et même au-dessous si c'est nécessaire. En supposant que l'arc fonctionne à une intensité de 30 ampères, sous une tension de 220 volts, nous aurons :

$220 \times 30 = 6\,600$ watts ou 66 hectowatts à $0^{fr}07$ (tarif de Paris), ce qui nous donne comme dépense 4 fr. 62 par heure.

Ce même arc, sous 110 volts, alternatif, nous donne :

$110 \times 30 = 3\,300$ watts, soit 33 hectowatts à $0^{fr}07 = 2^{fr}31$, soit 50 pour 100 d'économie.

Mais il y a lieu d'observer que, tout en faisant cette économie, nous n'aurons pas encore les avantages et le rendement du courant continu employé avec l'arc électrique.

Réducteur de courant. — Il existe depuis quelques années un petit modèle de transformateur, préconisé par nombre de commerçants, en raison de son faible encombrement et de son prix relativement très réduit.

Dans le *Fascinateur*, M. Coissac recommande tout particulièrement un de ces transformateurs qu'il serait plus exact d'appeler un *réducteur de courant*, transformateur qui atténue, dans une proportion notable, les inconvénients du courant alternatif, et qui abaisse le courant de 220 ou 110 volts fourni par le secteur en courant de 40 à 60 volts, suivant les besoins ; le courant obtenu reste toujours alternatif, mais se trouve augmenté en intensité en raison inverse du changement de tension.

Exemple. — Supposons un arc monté avec un transformateur sur un courant de 220 volts et absorbant 50 ampères aux bornes de sortie du réducteur, nous aurons au primaire, c'est-à-dire au secteur, en prenant comme type le réducteur 220×55 volts, environ 14 ampères.

Soit une dépense de $220 \times 14 = 5080$ watts ou $50_{hw}80$
à $0^{fr}07 = 2^{fr}15$,

au lieu de $220 \times 50 = 11.000$ watts ou 110 hectowatts
à $0^{fr}07 = 7^{fr}70$ si l'on employait un rhéostat seul.

Le noyau N et les culasses O sont constitués par des paquets
de tôles minces de 5/10 à 5/10 d'épaisseur, séparées par du vernis et réunies par des joints plats.

Le circuit primaire est constitué par une bobine de fil fin. Le
circuit secondaire par une bobine de gros fil.

Les bornes, alternativement positives et négatives, A et C des

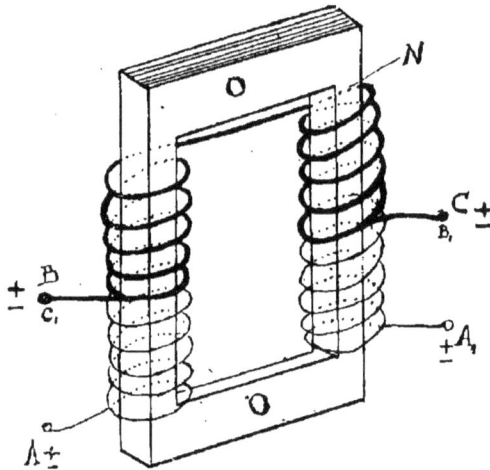

FIG. 37.

deux bobines composantes sont prises pour bornes de haute
tension (220 ou 110 volts).

Les bornes B et C de la bobine à gros fil constituent celles
du bas voltage (60 à 70 volts).

En employant cette combinaison, nous obtenons un fort
débit sous une différence de potentiel réduite; car, à l'intensité
efficace du courant que reçoit l'appareil du circuit d'alimentation
en A et C, vient s'ajouter l'intensité d'un courant développé

dans les spires B C par l'action inductive des spires A B. L'absorption de potentiel a donné naissance à un courant induit de même intensité. Nous avons donc par ce procédé une utilisation très avantageuse d'un courant primaire relativement faible qui nous permettra d'obtenir, suivant les voltages demandés par les arcs, les intensités nécessaires à leur alimentation.

À l'avantage appréciable de transformer un courant primaire en un courant à bas voltage, notre transformateur joint celui d'un rendement élevé qui est de 96 à 98 pour 100.

« Depuis un an, écrit M. Coissac, après en avoir vu fonctionner un à Vanves, dans les meilleures conditions possibles, nous avons eu l'occasion de fournir un certain nombre de ces appareils, et lorsque nous avons été certains des résultats, nous nous sommes décidés à les construire en série.

« Nous préconisons le courant secondaire de 50 à 55 volts, car, d'après nos expériences, c'est celui qui tient le mieux l'arc. Les voltages au-dessous — 50 ou 55 volts par exemple — causent une difficulté de réglage assez grande.

« Nous nous sommes arrêtés, pour la fabrication courante, à quatre modèles qui correspondent aux voltages et ampérages les plus usités en cinématographie. »

Ces réducteurs sont montés sur plateau en chêne avec bornes nickelées, et recouverts d'un bouclier perforé en tôle.

L'entrée du courant se fait par les deux petits fils et la sortie par les deux gros.

Avec ces deux appareils, le rhéostat de réglage est indispensable et il doit être calculé tout spécialement, les réducteurs étant étalonnés pour donner au secondaire un courant de 55 volts.

Chaque réducteur porte une petite plaquette indiquant le voltage du secteur sur lequel il doit être utilisé, ainsi que le nombre de périodes. Sur une autre plaquette rectangulaire, le constructeur a gravé l'ampérage maximum qu'il ne faut pas dépasser, et le voltage du courant secondaire.

Bobines de self. — Il existe encore, dans le commerce, une

8

sorte de bobine appelée couramment bobine de self, (ou d'inductance) qui fait tomber un courant de 250 ou de 120 volts à 50 ou 45 volts, comme le réducteur décrit précédemment. Interposée entre l'arc et la source d'énergie, à la place d'un rhéostat ordinaire, la bobine de self supprime quelques uns des inconvénients du courant alternatif, mais elle ne transforme pas ce courant en courant continu, comme beaucoup le supposent. L'effet d'alternance existe toujours, et il y a un certain moment où l'arc s'échappant en arrière, il se produit des zones colorées plus ou moins désagréables sur l'écran ; la lumière a l'air de baisser et de monter progressivement.

Dans les instructions qu'elles donnent pour l'emploi de leurs appareils, les maisons Pathé, Gaumont et Demaria, considèrent la bobine de self comme très délicate à établir et peu pratique, puisqu'elle ne permet pas le réglage de l'arc pendant la marche : ce réglage doit être fait au préalable à l'aide de moyens ou expédients peu recommandables et n'est pas modifiable en cours de marche.

La bobine de self ne figure point, du reste, dans les catalogues ; en principe, les constructeurs d'appareils cinématographiques préfèrent en laisser toute la responsabilité à la Compagnie fournissant l'électricité. Quant à M. Coissac, nous avons la conviction qu'il n'en a jamais installé et n'en a rencontré aucune dans ses pérégrinations à travers le monde cinématographique. Et pourtant nous savons que certains électriciens ne rêvent que bobine de self !... N'en cherchons pas la raison.

II. Transformateurs polymorphiques. — Ces organes mécaniques sont toujours des appareils tournants : moteurs-synchromes générateurs, commutatrices, commutateurs, permutatrices. Pour plus de clarté, nous les dénommerons *convertisseurs*.

Les groupes moteurs-générateurs sont formés par l'accouplement d'un moteur et d'une génératrice, soit par courroie, soit par joint, ce dernier système étant le plus employé.

Le moteur reçoit le courant venant directement du secteur ou source d'énergie et entraîne avec lui la génératrice qui produit le courant désiré. Dans le cas qui nous intéresse, c'est le courant alternatif transformé en courant continu au voltage approprié, 70 volts en général.

Ce mode de transformation exige naturellement des frais d'installation assez importants ; cependant comme il ne nécessite d'autres soins que le graissage, nous le voyons employé de préférence à tous les autres, tant dans l'industrie que dans les exploitations cinématographiques. Le rendement est d'environ 75 pour 100.

CONVERTISSEURS OU COMMUTATRICES. — Comme aspect général, ces appareils ne diffèrent qu'insensiblement d'une génératrice. En effet, si l'on confond l'induit de la génératrice et du moteur, on a la conception d'un convertisseur.

Les avantages des convertisseurs peuvent être ainsi résumés : volume réduit, rendement élevé, prix raisonnable.

Mais ils ont l'inconvénient d'une fabrication peu courante, surtout pour des intensités inférieures à 50 ampères.

En résumé, ces appareils demandent, pour un bon rendement, une tension (voltage) convenable, ce qui nécessite souvent l'adjonction d'un transformateur statique, et par suite une augmentation de prix dans l'installation.

PERMUTATRICES. — La conception de ces appareils est sensiblement la même que celle des précédents ; toutefois, le montage est vertical, ce qui diminue l'encombrement.

Les permutatrices dont le rendement est cependant très élevé, puisqu'il atteint 92 à 95 pour 100, ne sont guère employées par les projectionnistes à cause du grave inconvénient qu'elles ont de fournir des courants fortement ondulés, ce qui ramène en quelque sorte à la forme du courant alternatif.

CONVERTISSEUR COOPER-HEWITT A VAPEUR DE MERCURE. — Une nouvelle solution du problème de la transformation du courant alternatif en courant continu, s'appliquant facilement à l'exploitation cinématographique, est basée sur la propriété de la lampe à vapeur de mercure.

La lampe Cooper-Hewitt fut la première solution pratique de

l'éclairage électrique au moyen d'un arc jaillissant dans le vide en présence de vapeurs mercurielles.

Le convertisseur Cooper-Hewitt, exploité par la Société Westinghouse, se compose essentiellement d'une ampoule de verre renfermant deux conducteurs de fer formant anode et un conducteur cathode constitué par une petite quantité de mercure. Les anodes sont reliées aux bornes du secondaire d'un transformateur à deux enroulements. Sans entrer dans les détails de la construction, on peut ajouter que l'amorçage se fait très facilement à l'aide d'une étincelle que l'on provoque par l'inclinaison du tube, comme dans toutes les lampes à vapeur de mercure. et que l'intensité est maintenue constante par l'emploi d'une bobine spéciale.

Le courant secondaire fourni par l'ampoule, est semblable au courant continu et donne une fixité parfaite de l'arc électrique.

Redresseur statique. — Les soupapes électrolytiques, connues de longue date, exigeaient une installation compliquée en même temps qu'une surveillance constante. Un ingénieur bien connu dans le monde cinématographique, M. Oswald de Faria vient, avec la collaboration de M. Heinz, de mettre au point un *redresseur statique* dont le principe est basé sur une propriété de l'aluminium dont le phénomène observé est le suivant : lorsqu'on fait passer un courant dans une cuve électrolytique dont les électrodes sont l'une en aluminium, l'autre en plomb, on observe que le courant circule facilement lorsque l'électrode d'aluminium est cathode (pôle négatif), et, au contraire, que le courant est interrompu quand l'aluminium est anode (pôle positif). Une couche d'alumine se forme instantanément, opposant une très grande résistance au passage du courant.

Le redresseur de Faria, dont la concession a été acquise par la Société des Établissements Gaumont, est constitué par plusieurs bacs en tôle plombée, soudés à l'autogène, placés côte à côte sur un chantier de bois, et remplis d'électrolyte (mélange d'eau et de sel spécial). A la partie supérieure de chaque bac, une traverse supporte les électrodes de plomb et d'aluminium qui plongent dans l'électrolyte. Des bornes de cuivre, pour les connexions électriques, et de forts isolateurs de verre, destinés à isoler l'appareil du sol, complètent l'ensemble.

Le redresseur de Faria a de nombreux avantages : il utilise

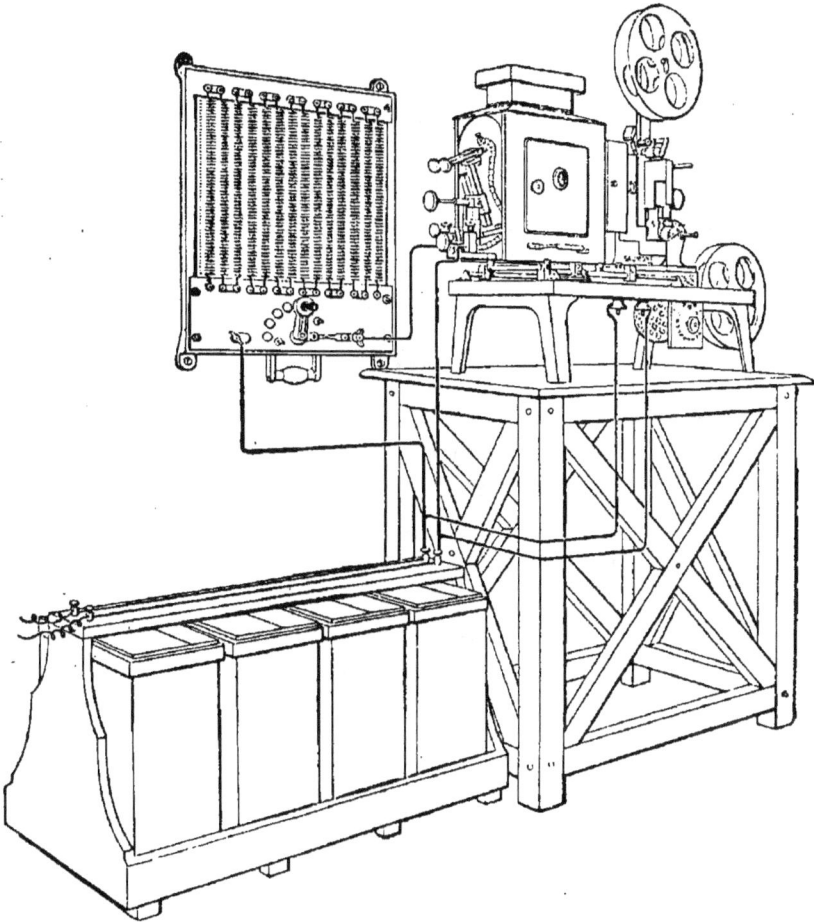

FIG. 38.

tous les genres de courants alternatifs, monophasés, biphasés ou triphasés ; il fonctionne sans aucun bruit et sans aucune émanation, ce qui permet de l'installer dans n'importe quel local, même dans les appartements.

Économie dans l'emploi des convertisseurs. — Nous savons qu'à même régime intensité (ampère) et tension (voltage), l'arc continu utilisé dans une lanterne de projection a un pouvoir lumineux supérieur d'environ 50 pour 100 sur l'arc fourni par le courant alternatif ; nous en déduirons donc facilement l'avantage de la transformation et de la commutation.

Nous avons vu précédemment l'avantage de la transformation ou l'abaissement de tension au moyen de transformateurs *homomorphiques* ou statiques ; nous allons voir maintenant l'économie que l'on peut faire par l'emploi de transformateurs *polymorphiques* ou convertisseurs qui, eux, ont l'avantage de transformer *directement* du courant alternatif en courant continu.

Si l'emploi des transformateurs homomorphiques ou statiques procure une économie de 45 à 50 pour 100, et plus lorsqu'on utilise une tension supérieure à 110 volts, en évitant la perte en chaleur occasionnée par le rhéostat, et si l'on y ajoute la différence du rendement lumineux dont nous parlons plus haut, entre l'arc alternatif et l'arc continu, soit une économie d'environ 50 pour 100, il est facile de comprendre qu'on arrive, par suite de ces transformations, au maximum d'économie possible.

L'exemple suivant fera mieux comprendre. Supposons un courant alternatif de 110 volts et un arc ayant une intensité de 50 ampères, on aura une consommation de 55 hectowats-heure, au prix de 2 ^{fr}. 51 pour une intensité lumineuse x.

Le courant continu donnant une intensité lumineuse environ deux fois plus puissante que le courant alternatif, il suffira de marcher au régime de 110 volts avec 15 ampères environ, pour obtenir cette même puissance lumineuse x. On aura, de plus, l'avantage de pouvoir régler facilement l'arc continu, et il s'ensuivra un rendement lumineux supérieur.

Le calcul peut se faire ainsi :

$$110_v \times 15^a = 1650 \text{ watts}$$
ou 16 ^{hw},5 à 0 ^{fr}. 07 l'hectow.-heure = 1 ^{fr}. 15.

Soit une économie de 1 ^{fr}. 16 à l'heure sur l'emploi du courant alternatif à 110 volts, pour une même intensité lumineuse x

correspondant à 5 000 bougies environ, intensité relativement
suffisante pour une projection cinématographique de $2^m,50$ à
10 mètres de distance.

Économies supplémentaires. — Les économies dont nous
venons de parler peuvent être augmentées si l'on emploie un
voltage plus faible, 70 volts par exemple.

On aura alors :

$$70^v \times 15^a = 1\,050 \text{ watts.}$$
$$\text{ou } 10^{hw},5 \text{ à } 0^{fr}. 07 = 0^{fr}. 755.$$

Et si l'on compte que le prix de revient de l'hectowatt peut
être réduit de plus de moitié par l'emploi de moteurs à gaz
pauvre ou même à gaz de ville ou bien encore de groupes électrogènes comme producteurs d'énergie, on arrive aux chiffres
suivants, en courant continu :

$$70^v \times 15^a = 1\,050 \text{ watts}$$
$$\text{ou } 10^{hw},5 \text{ à } 0^{fr}. 055 = 0^{fr}, 567 \text{ par heure.}$$

Groupes électrogènes. — Tout le monde sait que les premières
machines électriques furent utilisées pratiquement vers 1854,
époque à laquelle Siemens fit connaître la nouvelle disposition
qu'il avait imaginé de donner à l'ensemble des bobines tour-
nantes. C'est en 1870 que Gramme dota l'industrie de sa machine
qui, on peut le dire, a permis de rendre pratiques les applications du courant. Jusqu'à ce moment, on se contentait d'actionner la dynamo par une machine à vapeur, à l'aide d'une transmission par courroie.

Plus tard, des perfectionnements furent apportés aux deux
genres de machines, et les constructeurs songèrent à supprimer
la courroie pour accoupler directement moteur et dynamo, afin
d'arriver à un meilleur rendement. Des résultats remarquables
furent obtenus, et les *groupes électrogènes* à vapeur eurent
bientôt un succès mérité ; dans le nombre, nous pouvons citer
les machines Delaunay-Belleville, Sautter-Harlé, Boutte-Larbo-
dière, Weyer et Richemond, etc.

Malheureusement, ces machines, d'une grande puissance et
d'un prix très élevé, nécessitaient l'adjonction d'une batterie
de chaudières et la surveillance constante d'un personnel choisi.

C'est alors qu'apparut le moteur à gaz, d'un emploi très
simple, et ne demandant qu'une faible surveillance ; on l'accoupla

FIG. 39.

par courroie à la dynamo, ce qui constituait un ensemble électrique d'un entretien relativement minime ; mais par suite d'à-
coups brusques se produisant tous les deux ou quatre tours, la
lumière manquait de fixité, sauf le cas où il était fait usage
d'une dynamo tournant à une très grande vitesse (2 700 à
3 000 tours), dont l'inconvénient se traduit par une usure rapide.

Enfin, l'industrie française donna le jour au moteur à air
carburé ou moteur d'automobile, utilisant l'essence de pétrole

comme combustible. Les premiers types établis possédaient une vitesse d'environ 1 600, 1 800 ou 2 000 tours, suivant leur origine ; les constructeurs songèrent alors à les accoupler directement à des dynamos de vitesses correspondantes, et créèrent ainsi les premiers *groupes électrogènes* à encombrement réduit, d'un prix relativement bas.

Description générale du groupe électrogène. — Prenant comme type un groupe électrogène « Aster » (fig. 59), nous voyons qu'il se compose de trois parties principales :

1° Le moteur et ses différents organes ;
2° La dynamo, génératrice d'électricité :
3° Le socle supportant le tout.

Moteur. — Le moteur proprement dit est l'appareil dans lequel un combustible quelconque, essence, pétrole, alcool, huile de schiste ou gaz, est transformé en énergie mécanique. Il se compose d'un ou plusieurs cylindres entourés d'une enveloppe contenant de l'eau destinée à les refroidir et dans lesquels se meut un piston actionnant une bielle en acier reliée à un *vilebrequin* auquel elle imprime un mouvement rotatif, régularisé par un volant.

Les accessoires servant à l'allumage comprennent les accumulateurs et bobines d'induction ou magnéto, le carburateur, les tuyauteries, un pot d'échappement, une bougie d'allumage ou enflammateur, et un dispositif pour le refroidissement du moteur.

Ensuite viennent les différents organes servant à la bonne marche du moteur, c'est-à-dire le régulateur de vitesse, les graisseurs, etc., etc.

Dynamo. — Les différents groupes électrogènes comportent une dynamo dont le nombre de tours est calculé spécialement pour aller avec le moteur, suivant la puissance et la vitesse de celui-ci. La dynamo se compose d'une carcasse en acier coulé munie de noyaux polaires entourés de fils que l'on appelle *inducteurs*.

Entre les noyaux polaires tourne l'arbre portant l'*induit*. Cet induit est composé d'une masse métallique cylindrique portant des encoches à sa périphérie ; dans ces encoches sont logées les sections de fil convenablement isolées et les extrémités d'une même section sont réunies à deux lames voisines du collecteur. Les différents bobinages sont recouverts de plusieurs couches d'un vernis spécial.

Le *collecteur*, situé sur un des côtés de l'induit, est composé de lames de cuivre rouge, isolées entre elles par des lames de mica ; le courant est recueilli par des *balais* en charbon qui frottent sur le collecteur et qui sont reliés aux bornes de la dynamo d'où part le courant à utiliser. Les charbons ont une surface très large.

Conseils pratiques. — Après la description sommaire que nous venons de donner, il nous paraît utile d'étudier le côté économique.

Le prix de revient de l'hectowatt-heure par le groupe électrogène s'établit ainsi :

Le cheval-vapeur, — nous l'avons vu plus haut, — devrait théoriquement produire 736 watts ; mais, dans la pratique, en tenant compte du rendement de la dynamo, de l'accouplement et de la perte en ligne, il produit seulement 500 à 550 watts.

Le groupe électrogène qui nous a semblé le plus économique ne consomme *qu'un tiers de litre de carburant par cheval-heure*.

L'essence étant comptée à 0,60 le litre, le cheval-heure (ou 500 watts) coûte $\dfrac{0,60}{3}$, soit 0,20 *et l'hectowatt*, $\dfrac{0,20}{5}$, soit $0^{fr},04$.

En utilisant soit la benzine, soit le benzol employé par les autobus, ce liquide ne coûtant que 0,45 le litre, le cheval-heure coûte $\dfrac{0,45}{3}$, soit 0,15 *et l'hectowatt-heure* $\dfrac{0,15}{5}$, soit $0^{fr},05$.

Comparés au prix des secteurs 0,07, ces derniers chiffres sont assez éloquents pour justifier le qualificatif d'économique employé au début. L'exploitant, devenu son producteur, ne craint plus les grèves des secteurs et peut continuer ses séances pendant que la Ville-Lumière est plongée dans l'obscurité. Il en va de même *à fortiori* des exploitants de théâtres et de cinémas, qui ont tout intérêt à se mettre au courant de la question.

La Compagnie générale des Établissements Pathé, frères, a récemment présenté à sa clientèle un appareil qui se distingue

FIG. 40.

des groupes électrogènes existant dans l'industrie, par les deux qualités suivantes qui caractérisent le groupe portatif : son faible encombrement; son poids peu élevé.

Il se compose essentiellement :

1° D'un moteur à essence monocylindrique à 4 temps : allumage par magnéto à haute tension, carburateur automatique, pompe à huile, refroidissement par circulation d'eau, ventilateur activant l'abaissement de température de l'eau contenue dans le réservoir.

2° D'une dynamo tournant à la vitesse du moteur, type ouvert, excitation shunt *débitant 10 ampères* sous 70 volts.

Le groupe est enfermé dans une caisse qui le protège efficacement contre les chocs.

Les Etablissements de Dion, Renault, Ixion, fournissent aussi des groupes électrogènes dont on dit beaucoup de bien.

Appareils constituant une installation électrique. — Après avoir examiné comment l'électricité peut être produite, et comment s'opère la transformation d'un courant, il nous faut envisager l'installation électrique et amener le courant à l'arc de projection au moyen de fils ou câbles, en utilisant différents appareils indispensables que nous allons passer en revue.

1° *Rhéostat.* — On appelle rhéostat un appareil au moyen duquel on règle le régime des courants, en voltage et en intensité.

On a vu plus haut que les secteurs distribuent le courant sous diverses tensions : 110, 115, 120, 150, 220 volts et plus. Or si dans le circuit passe un courant de 110 volts, soit le courant ordinaire fourni par la plupart des usines, il faut, pour obtenir aux bornes des charbons une différence de potentiel de 45 volts, intercaler dans le courant une résistance qui absorbera la différence entre 110 et 45, soit 65 volts.

En d'autres termes, le but du rhéostat est d'absorber la différence de tension comprise entre celle fournie par le secteur ou le groupe électrogène et celle nécessaire au fonctionnement de la lampe ; en un mot le rhéostat ne laisse passer que le courant nécessaire à l'alimentation de l'arc.

Pour fixer les idées, supposons le cas d'un arc d'intensité égale à 10 ampères; la puissance qu'il sera nécessaire de lui fournir sera

$$10 \text{ ampères} \times 45 \text{ volts} = 450 \text{ watts,}$$

et celle dont nous disposons est de

$$10 \text{ ampères} \times 110 \text{ volts} = 1\,100 \text{ watts.}$$

Nous aurons donc besoin d'absorber

$$1\,100 - 450 = 650 \text{ watts};$$

et cela, avec l'appareil connu sous le nom de rhéostat, qui met à contribution le phénomène de la transformation d'énergie électrique en énergie calorique, phénomène qu'on peut constater toutes les fois qu'un con-ducteur est traversé par un courant.

Le rhéostat se compose simplement d'un fil à sec-tion circulaire, isolé dans l'air, offrant une surface assez grande pour dissiper par rayonnement et aération la chaleur développée par le passage du courant. Cette chaleur provient de la trans-formation d'une partie de l'énergie électrique en éner-gie calorique, d'où il résulte une absorption de potentiel correspondante. Sans cette absorption de potentiel, les plombs fusibles de la ligne fondraient infailliblement; l'emploi d'un rhéostat est donc indispensable avec les lampes à arc isolées.

Les modèles de rhéostat manœuvrés à la main sont

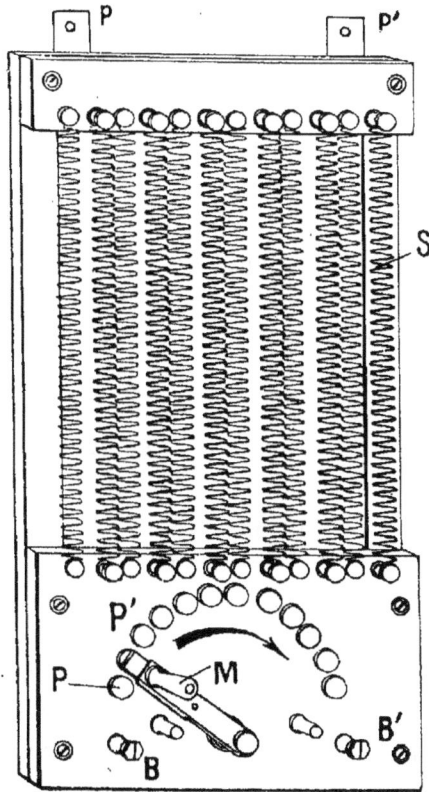

Fig. 41.

excessivement nombreux, et l'on peut dire que chaque construc-teur a le sien; le principe étant le même pour tous, nous allons

donner ci-après la description de celui que fournit ordinairement notre service des projections.

La figure schématique ci-contre montre l'ensemble de cet
appareil. Il se compose d'un cadre en fer, muni de pattes $p\,p'$
avec lesquelles on le fixe sur le tableau ou sur un support quelconque. La partie supérieure comprend un certain nombre de
spirales S faites d'un fil de maillechort dont on connaît très
exactement le coefficient de résistance électrique. Ces spirales
sont reliées les unes aux autres par l'intermédiaire de bornes en
cuivre, et chacune d'elles aboutit à un plot P P', petite masse
en cuivre, par l'intermédiaire d'un fil également en cuivre. Enfin,
une manette M pouvant tourner autour d'un axe est terminée
par une touche toujours en cuivre qui peut, en faisant tourner
la manette, venir se mettre en contact avec les plots, qui sont
parfaitement isolés électriquement l'un de l'autre. Cette manette
est munie d'un charbon pare-étincelles destiné à atténuer et à
supprimer les arcs de rupture de courant qui détériorent assez
rapidement le premier plot en cuivre et le plot isolant en fibrine,
dit *plot mort*.

A remarquer que dans la position extrême de gauche, il y a
un plot qui ne communique avec rien et qui est dit *plot mort*.
Plots et manette sont placés sur une plaque en matière isolante
et incombustible, généralement en marbre ou en ardoise.

2° *Interrupteurs.* — Puisqu'il est convenu d'assimiler le courant électrique qui circule dans un conducteur à un courant
d'eau circulant dans une conduite, la dynamo est le réservoir et
le circuit devient le tuyau de canalisation ; un robinet devient
nécessaire pour ouvrir et fermer le circuit à volonté : approprié
au fluide spécial, il s'appellera *interrupteur*.

Les interrupteurs de courant généralement employés sont *bi-
polaires*, ainsi appelés parce qu'ils coupent le courant à la fois
sur les deux pôles ou conducteurs du circuit ; il offrent plus de
garantie qu'un interrupteur simple ou *unipolaire*.

3° *Coupe-circuits.* — Dans une canalisation d'eau, on peut
avoir à craindre des excès de pression dangereux pour les tuyaux ;
on les munit donc à un certain endroit d'une soupape ou d'un

tube de trop plein. L'analogue existe pour la canalisation électrique et prend le nom de *coupe-circuit*.

Les coupe-circuits sont donc des appareils de sûreté destinés à interrompre le courant sous l'influence d'un surcroît subit d'intensité du courant. Ce sont tout simplement deux bornes auxquelles arrivent les deux fils amenant le courant et deux autres bornes placées à une certaine distance, d'où partent les fils pour aller aux différents appareils d'utilisation du courant. Entre ces deux séries de bornes enfermées dans un petit socle en matière mauvaise conductrice et incombustible : marbre, porcelaine, etc., on place un fil de plomb appelé *fusible* (¹) de grosseur calculée, qui établit la communication tant que le courant n'est pas trop fort; mais si l'intensité augmente au delà d'une certaine limite, la chaleur augmente, le plomb rougit et fond, préservant par cela même les lampes et autres appareils d'utilisation. On trouve dans le Commerce, d'une façon courante, des fils de plomb très exactement appropriés à la fusion, sous tel et tel nombre d'ampères circulant dans le conducteur. Notons qu'un fil trop fort ne fond que trop tard, lorsque la ligne elle-même est endommagée et qu'un fil trop faible fond trop facilement, trop souvent, et, par conséquent, immobilise l'usage de l'installation mal à propos.

4° *Voltmètre.* — On appelle *voltmètre* une sorte de galvanomètre particulier disposé comme un ampèremètre et donnant immédiatement la différence de potentiel des deux points auxquels on le relie. Il est composé d'une bobine très résistante, formée d'un fil très long et très fin présentant un isolement parfait. On doit donc le mettre en dérivation entre les points étudiés, sans jamais le faire traverser par le courant entier, sous peine de le brûler instantanément.

5° *Ampèremètre.* — L'ampèremètre est un appareil de mesure donnant instantanément la valeur en ampères des intensités

---

(1) Les règlements français exigent que la fusion se produise quand l'intensité atteint le triple de la valeur maxima à laquelle elle peut arriver en service courant. Or, pour le plomb, la fusion a lieu vers 7 ampères par millimètre carré de section.

mesurées. En vérité, c'est un galvanomètre qui a une parfaite analogie avec le voltmètre ; les seules différences qui existent entre ces deux instruments résident dans la résistance de l'enroulement du cadre et dans le mode de graduation. Aussi, à moins de mettre l'appareil à nu, c'est-à-dire d'ouvrir la boîte, on reconnaîtrait difficilement un ampèremètre d'un voltmètre.

L'ampèremètre doit être placé sur le circuit où l'on mesure l'intensité.

Fig. 42.   Fig. 43.

Il existe plusieurs sortes d'ampèremètres et de voltmètres : 1° la série *précision*, utilisée surtout dans les laboratoires ; 2° la série *commerciale* à système électro-magnétique dont nous nous occuperons davantage, puisqu'ils sont suffisamment précis pour l'usage auquel nous les destinons et que leur prix est très abordable (*fig.* 42 et 43).

Amortissement des oscillations des voltmètres et ampèremètres. — L'aiguille placée au milieu d'une bobine parcourue par le courant, ne se fixe à une position d'équilibre, qu'après avoir exécuté une série d'oscillations autour de cette position. Ces oscillations seraient une gêne pour les mesures, si on ne les évitait au moyen d'un système spécial basé sur la résistance de l'air. De cette façon, on a des appareils dits *apériodiques*, dont la déviation est indiquée avec des oscillations à peine sensibles.

Les différents modèles d'appareils sont construits pour être utilisés sur courant continu ; ils portent, sur le cadran, les signes (+) à gauche et (—) à droite.

Lorsqu'il s'agit de mesurer l'intensité ou le voltage du courant alternatif, ils doivent être étalonnés sur ce courant et portent le signe ∞ avec l'échelle de lecture au-dessous.

Pour faciliter la pose de ces appareils sur les tableaux de distribution, on les construit avec prises derrière, ces prises consistant en deux boulons avec écrous qui les fixent au tableau, en même temps qu'ils servent de pièces de connexions pour les fils.

Installation électrique. — Étant donné ce que nous connaissons déjà, nous allons nous placer dans la situation la plus commune, celle où le courant est fourni par une usine ou un secteur de distribution et procéder à notre installation électrique.

L'usine amène le courant électrique ou mieux la canalisation à un appareil de contrôle dénommé *compteur* qui totalise la quantité de courant consommé.

En principe, les compteurs portent une plaquette indiquant la tension du courant fourni (voltage), la forme (continu ou alternatif), la fréquence, s'il s'agit de l'alternatif et l'intensité maximum (ampères) qui ne peut être dépassée sans risquer de détériorer le compteur.

Du compteur partent deux fils dont la section aura été préalablement calculée (¹) suivant l'intensité maxima pour laquelle le compteur et les lignes ont été prévues.

Après avoir passé par l'intermédiaire d'un interrupteur et

(1) On admet généralement une intensité de 5 ampères par millimètre carré de section jusqu'à 10 millimètres carrés de section et 2 ampères au-dessus

$$\text{Section d'un fil} = \frac{\pi D^2}{4}. \qquad \pi = 3,1416.$$

Exemple : Quelle est la section d'un fil de 5 millimètres de diamètre ?

$$\frac{\pi}{4} = \frac{3,1416}{4} = 0,7854 \qquad \text{Section} = D^2 \times 0,7854. \qquad 7^{mm},0686 \text{ carrés de section.}$$

d'un coupe-circuit, un des deux fils ira directement à l'une des bornes du rhéostat, tandis que l'autre ira directement à l'une des bornes de la lampe, après avoir traversé un ampèremètre.

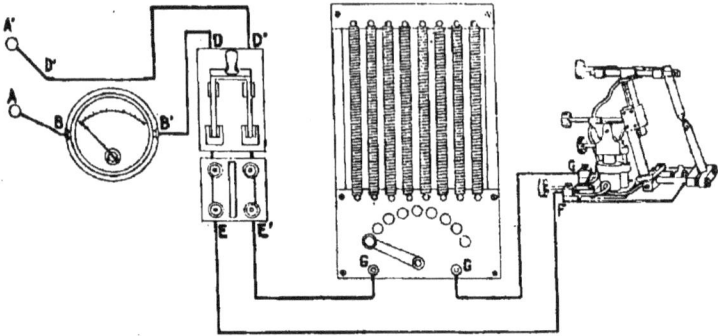

Fig. 44.

Nous avons vu, plus haut, la fonction du rhéostat, indiquons simplement ici que le fil qui a pénétré dans cet appareil par la borne de droite, en ressort par la borne de gauche, d'où il va directement à l'arc.

S'il s'agit du courant continu, le fil positif sera relié au charbon supérieur de l'arc et le négatif au charbon inférieur.

Polarité. — Nous avons parlé de pôle négatif et de pôle positif : c'est là une appellation toute de convention ; mais il est souvent nécessaire de savoir reconnaître les *pôles* ; pour cela, on fait usage d'un papier spécial dit *papier-cherche pôles*. Après l'avoir humecté d'eau ou de salive, on le pose sur un morceau de bois très propre et on le touche avec les extrémités de deux fils reliés aux pôles que l'on veut reconnaître. Le fil resté au pôle négatif (—) laisse sur le papier une trace rouge très accentuée. On évitera d'amener les fils en contact sur le papier, car il se produirait un court-circuit.

Les galvanomètres, boussoles, voltmètres polarisés, etc., permettent aussi de reconnaître les pôles.

Avec le courant alternatif, point n'est besoin de rechercher les pôles, chacun des fils étant alternativement positif et négatif.

— 151 —

Tableau de distribution. — Le tableau de distribution évite l'installation volante et permet à l'opérateur, appelé à de fréquents déplacements, d'être toujours prêt. Il a sa place marquée

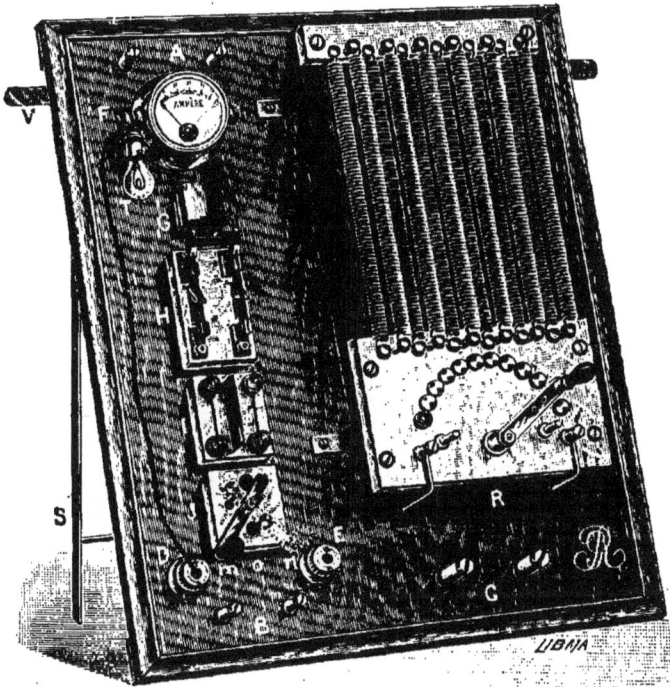

Fig. 45.

DESCRIPTION. — E. Ampèremètre. — T. Lampe balladeuse. — G. Coupe-circuit pour balladeuse ou moteur. — H. Interrupteur. — I. Coupe-circuit du rhéostat. — J. Commutateur. — R. Rhéostat.

INSTRUCTION. — A. Bornes de la ligne. — C. Bornes de la lampe à arc. — B. Bornes de la lumière de la salle. — D. Prise du courant de la balladeuse. — E. Prise du courant du moteur. — m. Mise en marche du moteur et extinction de lumière dans la salle. — n. Éclairage de la salle et arrêt du moteur. — o. Point mort, c'est-à-dire arrêt du courant.

dans la cabine, ce qui met sous la main du projectionniste la conduite de l'installation électrique tout entière.

Sur un solide plateau en chêne se trouvent groupés tous les appareils que l'expérience a permis de juger nécessaires : éclairage de la salle et de la cabine; rhéostat, coupe-circuit, interrupteur bi-polaire, ampèremètre, prise de courant pour le moteur actionnant le mécanisme automatiquement et commutateur à deux directions qui met en marche le moteur lorsqu'on éteint la salle ou, inversement, rallume les lampes de la salle en arrêtant le moteur.

Le montage de ce tableau se fait très rapidement; il suffit pour avoir le courant, d'attacher les deux fils de la ligne aux bornes supérieures du tableau, en tenant compte de la polarité des câbles, en A.

La légende placée au-dessous de la figure 45 nous dispensera d'instructions plus détaillées.

Les tableaux de distribution sont généralement construits pour les intensités suivantes : 25 et 50 ampères, sous 110 volts, ou 220 volts. Ils peuvent fonctionner sur des voltages moindres, soit par le changement de connexion de la résistance, soit par l'adjonction de bornes supplémentaires.

Exemple. — Un tableau de 50 ampères construit et étalonné pour fonctionner sur un courant de 220 volts, peut être établi pour fonctionner sur un courant de 110 ou même de 70 volts. De même un tableau de 110 volts peut être modifié pour aller sur un courant de 70 volts ou tout autre voltage compris entre 70 et 110 volts. L'ampérage reste le même, bien entendu, c'est-à-dire 25 ou 50 ampères, suivant la résistance employée.

On peut, de la même façon, monter sur la partie de fil amenant le courant au rhéostat, une résistance additionnelle, dans le cas où, possédant un tableau de 110 volts, on se trouverait en présence d'un voltage supérieur, 220 volts par exemple. Dans ce cas, la résistance additionnelle serait placée hors de la cabine, de façon à ne pas incommoder l'opérateur. On comprendra sans peine que cette résistance, destinée à absorber 110 volts, dégage beaucoup de chaleur et que l'exiguïté de la cabine en aurait vite fait une véritable fournaise.

Fonctionnement des rhéostats. — Nous savons en quoi consiste un rhéostat et quel est son but; nous avons vu comment

il doit être monté lorsqu'on l'utilise sans un tableau de distribution. Voyons maintenant son fonctionnement, qu'il soit seul ou
monté sur le tableau.

Les rhéostats de fabrication sérieuse comportent à la partie
inférieure un plateau en marbre blanc (les modèles de prix
inférieurs se font en ardoise) sur lequel est fixée une manette de
réglage qui tourne autour d'un axe et dont l'extrémité est
munie d'un balai métallique formé de lamelles très flexibles
assurant un contact parfait, sans dureté. Ce balai ou frotteur
glisse sur des *plots* en cuivre disposés en arc de cercle, chacun
d'eux correspondant à une intensité déterminée, poinçonnée en
petits chiffres, de gauche à droite.

La manette étant placée à l'extrémité gauche du rhéostat, sur
le plot mort, généralement en fibrine, on donne le courant en
relevant ou en abaissant l'interrupteur, suivant la forme de
celui-ci. Dans cette position, c'est-à-dire durant tout le temps
que la touche de la manette reste sur le plot mort, le courant ne
va pas plus loin que ce plot, parfaitement isolé électriquement.

Faisons maintenant tourner la manette d'un cran à droite, de
façon que sa touche vienne s'appliquer sur le premier plot,
après le plot mort. Le courant passant dans la manette s'écoule
par le plot, puis par la résistance ; ensuite, continuant sa course,
il passe par la seconde résistance, par la troisième, par la qua-
trième, etc., jusqu'à la dernière, et enfin par la borne de sortie
du courant et dans le fil conducteur, jusqu'à la lampe à arc. A
ce moment, on rapproche les charbons de la lampe, jusqu'à ce
qu'ils se touchent ; on les sépare aussitôt, une étincelle se produit et l'arc se forme.

Si nous continuons à faire tourner la manette d'un plot vers
la droite, le courant suivra le même chemin, c'est-à-dire passera
dans le second plot, et de là dans les résistances, jusqu'à la
lampe qui augmentera d'intensité.

En plaçant la manette sur le troisième plot, on obtient le
même résultat, mais avec un ampérage toujours plus fort, et,
conséquemment, une lumière plus puissante.

Et ainsi, plus nous avançons la manette sur les plots de

droite, plus nous augmenterons et l'ampérage et la lumière.

Il y a généralement, sur les rhéostats de 12 à 50 ampères, 11 plots et 17 résistances faites de fil plus ou moins gros, suivant qu'elles s'éloignent davantage vers la droite. Les plots portent gravés le nombre d'ampères que les résistances laissent passer.

Le premier plot marque 12, c'est-à-dire qu'au démarrage, la manette étant arrêtée au premier plot, le courant nous fournit 12 ampères, de même que le second nous en donnera 15, le troisième 18, et ainsi de suite jusqu'au dernier qui nous fournira le maximum, soit 50 ampères.

Les rhéostats de 8 à 25 ampères comportent 9 plots divisés comme suit : 6, 7, 8, 9, 11, 14, 17, 21 et 25 ampères, et 17 spires. Le fonctionnement est identiquement le même, comme aussi le résultat obtenu, mais il y a naturellement moins de lumière, puisque l'ampérage est moindre.

Pour augmenter la force de résistance d'un rhéostat. — Si, pour une raison quelconque, on désire, avec le même rhéostat, utiliser un ampérage plus fort, il suffit d'augmenter la grosseur du fil des dernières résistances, c'est-à-dire de celles qui alimentent les derniers plots du rhéostat vers la droite. Dans ce dernier cas, on ne se servira que des spires renforcées, sans quoi la résistance totale étant diminuée, on risquerait de détruire les premières spires.

Remarques. — Il est évident qu'un rhéostat absorbant beaucoup de chaleur doit en dégager; mai,s en aucun cas, les spires ne doivent rougir. Si donc le cas se produit, c'est que l'appareil n'est pas assez fort pour la tension qu'on lui demande; il faut s'assurer que le voltage de la ligne est bien conforme à celui pour lequel le rhéostat a été construit.

Si un rhéostat ne donne pas l'intensité en ampères marquée sur les plots, c'est que le voltage de l'installation est en dessous de celui prévu par le rhéostat.

Il n'est pas rare de voir certaines villes où, dans la journée, un courant de 110 volts accuse au voltmètre 120 et 125 volts, alors que le soir, il n'y a plus que 95 à 100 volts, surtout si l'installation est à plusieurs kilomètres de l'usine productrice d'électricité.

Recommandations. — On ne saurait trop recommander aux projectionnistes de surveiller attentivement l'état des rhéostats, les manettes, les spires des rhéostats. Nettoyer souvent les interrupteurs, les coupe-circuit. Observer aussi les appareils de mesure, s'il y en a, et prévenir l'ingénieur électricien ou le constructeur, si le fonctionnement ne paraît pas normal.

On doit prendre le plus grand soin d'une installation électrique ; on évitera, par exemple, de faire toucher deux fils, à moins qu'ils ne soient entièrement enduits de matière isolante [1], car le contact produirait un court-circuit, qui fondrait les plombs du coupe-circuit et plongerait la salle dans l'obscurité.

Il est bon de dire qu'un court-circuit peut être produit par un morceau de fer quelconque, un outil, par exemple, venant à glisser sur la lampe à arc et relier les deux pôles, le métal de cet outil devenant immédiatement un conducteur parfait.

Et comme aucun opérateur n'est à l'abri de ces petits accidents, nous ne saurions trop recommander d'avoir toujours sous la main, dans une *boîte à outils*, quelques morceaux de plomb fusible et un peu de câble souple.

Fils et câbles. — Le cuivre étant, de tous les métaux usuels, le meilleur conducteur de l'électricité, il était tout naturel de faire entrer les fils de cuivre dans la construction des câbles électriques.

Suivant la section nécessitée par l'installation, le conducteur est unique ou formé d'un câble de fils cordés.

Les fils peuvent se présenter nus, mais, le plus souvent, une enveloppe isolante les recouvre. Pour un isolement peu soigné, on adoptera un guipage de coton en une ou plusieurs couches ; mais il est préférable d'employer le caoutchouc ou la gutta.

Pour l'installation des lignes, on se sert de moulures en bois, à deux ou trois rainures dans lesquelles se trouvent logés les

---

(1) Les isolants sont généralement formés par des matières organiques (caoutchouc, gutta-percha, soie, coton, toile, etc.).

câbles électriques : une deuxième moulure sert de couvercle. Dans les endroits humides, on utilise des poulies ou *serre-fils* en porcelaine, de manière à isoler le câble du mur sur lequel il a été fixé.

Lorsqu'il s'agit de réunir l'arc au tableau de distribution, on se sert de câbles souples composés de 1 ou 2 conducteurs plats ou torsadés. Chaque conducteur est formé de fils très fins en cuivre de haute conductibilité et dont l'isolement varie suivant la qualité des matières employées. Ces matières sont généralement un guipage de coton, une gaine de caoutchouc naturel, un autre guipage de coton. Une tresse de couleur en coton glacé, recouvre chaque conducteur.

Diamètre des plombs fusibles. — Nous avons parlé plus haut des plombs fusibles; il n'est pas sans intérêt, pensons-nous, de donner ici quelques indications, malgré qu'elles ne puissent être qu'approximatives.

Il est, en effet, impossible d'établir une table exacte pour l'emploi des fusibles, car le point de fusion dépend : de la position du coupe-circuit, de la longueur du fusible, de la forme de sa section, etc., etc. Mais, nous l'avons expliqué déjà, on compte généralement une intensité de 7 à 8 ampères par millimètre carré de section, pour les fils d'alliage jusqu'au 10/10e. Pour les fils de plus grand diamètre, cette limite est de 5 à 6 ampères.

A titre de renseignement, voici les dimensions employées couramment par les électriciens :

INTENSITÉ EN AMPÈRES	1	2	3	4	5	6	8	10	12	15	17	20	25	30	35	40	45	50	60	80
Diamètre de l'alliage employé.	5/10e	5/10e	6/10e	7/10e	8/10e	9/10e	10/10e	11/10e	12/10e	14/10e	15/10e	16/10e	18/10e	20/10e	22/10e	24/10e	25/10e	27/10e	30/10e	35/10e

Arc voltaïque. — Tous ceux qui ont vu de près un arc électrique quelconque ont pu constater que si deux tiges de charbon placées dans le prolongement l'une de l'autre sont mises en contact, puis séparées à une distance de plusieurs millimètres, il jaillit entre les deux charbons un effluve continu, un jet lumineux d'un pouvoir éclairant extrêmement intense, puisque Rosetti évalue sa température à 4 800°.

Lorsqu'on examine les deux charbons entre lesquels jaillit l'arc (*fig.* 46) sous l'influence d'un *courant continu*, on remarque que le charbon positif A est le plus brillant des deux ; sa température est plus élevée que celle du charbon négatif B. En outre, le premier se creuse à son extrémité de façon à présenter un

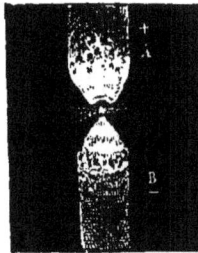

Fig. 46.

cratère émettant une lumière éblouissante, sensiblement proportionnelle à l'intensité du courant, tandis que le second présente une pointe dont la température est moins élevée que celle du pôle positif. Des particules de charbon incandescent se détachent du pôle positif et se précipitent vers le pôle opposé, formant ainsi une chaîne continue qui ferme le circuit.

La température de l'arc est immuable, et l'*éclat* de toutes les lampes à arc est le même. Lorsqu'on augmente le courant qui les alimente, on n'augmente pas du tout l'éclat du cratère, comme on pourrait le croire, mais simplement la surface incandescente. Rosetti l'évalue à 4 800°, tandis que M. Violle la fixe à 5 500°.

L'Américain Bremer a seul, jusqu'ici, trouvé le moyen d'augmenter encore la température, et avec elle le rendement lumineux, en mélangeant, en proportion considérable, aux matières destinées à la préparation de ses charbons, de la chaux ou de la magnésie.

Régulateurs automatiques. — Dans la pratique, il est nécessaire que les charbons soient rapprochés de temps en temps, au fur et à mesure de leur combustion, de façon à maintenir aussi constante que possible la longueur de l'arc ; on peut, à cet effet, se servir d'un régulateur automatique.

Le premier régulateur d'arc électrique fut construit en 1849 par le célèbre physicien Foucault. Il comprenait un mouvement d'horlogerie dont le moteur était un ressort pareil à celui d'une montre ou d'une pendule ; ce mouvement commandait le rapprochement ou l'éloignement des charbons au moyen de roues dentées, attaquant des crémaillères fixées aux porte-charbons. L'armature d'un électro-aimant, placé dans le circuit, arrêtait le mouvement lorsque l'intensité du courant arrivait à la valeur pour laquelle la lampe était réglée. Serrin et Duboscq perfectionnèrent ce système et le rendirent pratique.

Il existe dans le commerce quantité de régulateurs automatiques ; mais s'ils offrent quelques avantages, ils ont l'inconvénient d'être très encombrants et très délicats ; aussi ont-ils à peu près disparu aujourd'hui pour faire place aux régulateurs à main, beaucoup plus légers et très faciles à manier.

Lampes à arc. — Les qualités qu'on recherche actuellement dans les lampes à arc sont les suivantes :

1° Elles ne doivent comprendre qu'un petit nombre de pièces, pouvant être réparées avec facilité et rapidité ;

2° Le mode d'assemblage de ces pièces doit permettre à la fois de les enlever et de les remplacer facilement, et de se rendre rapidement compte de leur bon fonctionnement lorsqu'elles sont en place ;

3° Les matières premières qui sont employées pour la construction des lampes doivent être d'excellente qualité et douées d'une haute résistance à l'action des éléments et aux fatigues du service qu'en en exige. Ne pas oublier que la recherche exclusive du bon marché coûte souvent fort cher.

Les différences que l'on rencontre dans les dimensions et la densité des charbons employés ont une influence considérable sur la durée des lampes. Quel que soit d'ailleurs le mécanisme d'une lampe, on ne peut jamais éviter la perte d'une certaine quantité d'énergie, mais si l'appareil est bien construit, cette perte ne doit en aucun cas dépasser 20 pour 100, ce qui permet d'utiliser au moins 80 watts sur 100. Au cours de certains essais faits avec des charbons spéciaux, on a pu, paraît-il, supprimer complètement les pertes. Mais ces résultats n'ont jamais été atteints dans la pratique et l'on doit s'estimer très heureux quand on parvient à utiliser en moyenne 90 pour 100 du courant employé. Les acquéreurs de lampes n'ont pas l'habitude de demander une garantie en ce qui concerne l'utilisation de l'énergie électrique.

Il existe un grand nombre de modèles de lampes à arc à main qui diffèrent seulement par des détails de construction sans grande importance; on peut les ramener à deux types principaux : *la lampe à arc modèle ciseaux* et la *lampe à arc modèle droit*, inclinable ou non.

Il n'y a pas lieu de décrire minutieusement ces modèles de lampes que les figures font assez bien comprendre. En résumé, ce sont des instruments qui tiennent deux crayons de charbon artificiel aggloméré, de telle façon que les extrémités de ces crayons se rapprochent jusqu'à se toucher presque. Le mécanisme de la lampe a pour but de faire glisser les crayons de charbon dans les tiges qui les portent afin de conserver entre leurs extrémités le très faible écartement nécessaire pour la formation de l'arc électrique quand le courant passe figure 47, et, en outre, de déplacer à la fois les deux branches, de modifier la position respective des charbons, pour élever ou abaisser, avancer ou reculer le foyer lumineux afin de *centrer* la lumière par rapport au condensateur.

Les lampes à arc du modèle à *ciseaux*, on le conçoit tout de suite, ont l'inconvénient de déplacer le foyer lumineux au fur et à mesure de l'usure des charbons, leurs branches, en se rapprochant, décrivent une courbe. Mais ce déplacement, très faible du reste, est de peu d'importance, et il est très facile de le corriger en tournant légèrement le bouton de fibre qui commande les porte-charbons.

La *nouvelle lampe* à arc Bonne Presse (*fig.* 47), pour cou-

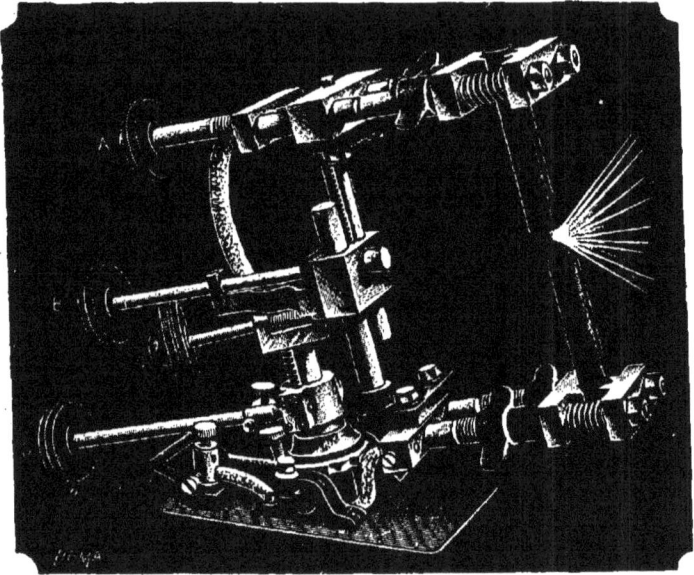

FIG. 47.

rant alternatif ou continu de 8 à 80 ampères, se recommande à tous cinématographistes; entièrement construite en cuivre fondu et acier **avec boutons moletés en fibre**, elle est capable de résister pendant un temps indéterminé, en raison même de sa construction extra-soignée; elle est munie de crémaillères pour toutes les directions et pour le centrage en hauteur. Elle est montée sur plateau en tôle d'acier et se place dans toutes les lanternes. Ce modèle est plus spécial aux grandes projections cinématographiques; l'excentrage du charbon supérieur peut se faire en cours de marche, très facilement, par le bouton que l'on remarquera dans le haut de la figure. Les branches porte-crayons sont munies de fortes mâchoires com-

Fig. 48.

mandées par des écrous à oreilles qui assurent un serrage parfait et un excellent contact.

Sur la base sont fixées deux bornes destinées à recevoir les fils amenant le courant, et chacune d'elles est reliée à l'une des branches du régulateur au moyen d'un câble souple soigneusement isolé.

Les indications que nous pouvons donner ici ne sont peut-être pas scientifiques; mais la pratique nous autorise à déclarer que dans cette lampe, le cratère se formant exactement dans l'axe du condensateur, et le crayon supérieur faisant en quelque sorte réflecteur, la lumière se trouve augmentée de 20 pour 100, à consommation égale.

Construite pour une intensité de 15 à 100 ampères, cette lampe de précision a le grand avantage de n'occuper que très peu de place, en raison même de la disposition des charbons.

Le corps est en cuivre massif d'une extrême solidité, et le plateau, en tôle d'acier, s'introduit dans toutes les lanternes.

La figure 48 montre la lampe à arc Pathé avantageusement connue de tous les cinématographistes. Son maniement est des plus simples et sa construction, extrêmement robuste, est parfaitement étudiée dans le but d'un usage prolongé.

Ce régulateur est muni du nouveau pince-charbons à contrepoids (breveté S. G. D. G.) qui supprime les multiples inconvénients des autres porte-charbons et empêche totalement *les charbons de tomber*.

Il peut se régler pour employer des charbons de tous diamètres. Il suffit d'enlever la vis-axe de la charnière, d'agir ensuite sur la vis de réglage pour obtenir l'écartement nécessaire entre les deux pièces en V qui maintiennent le charbon et de replacer enfin la vis-axe dans son logement.

Lorsque le charbon est en place, le levier à boule doit être sensiblement horizontal et tourné comme l'indique la figure; s'il ne se présente pas dans cette position, il suffit de le dévisser et de le replacer dans un des autres trous filetés lui donnant la position voulue.

En outre ces porte-charbons sont articulés sur une vis horizontale à l'extrémité de la branche de la lampe afin d'en régler l'inclinaison pour établir l'angle qu'il convient de donner aux charbons pour leur meilleure utilisation ; une vis de serrage en assure la position.

Lampe automatique. — Un nouveau perfectionnement semble être réalisé avec la lampe Bénard (fig. 49), qui commence à faire parler d'elle, et dont voici les principales caractéristiques :

1° D'abord, l'automatisme complet, qui a fait dire de cette lampe, qu'elle marche toute seule ;

2° La fixité la plus absolue du point lumineux qui permet de faire, avec le petit modèle, une heure et demie de projection, et avec le grand modèle deux heures et demie, sans qu'il soit nécessaire de toucher ni à la lampe, ni aux charbons ;

3° L'utilisation totale du cratère lumineux qui, par suite de

Fig. 49.

l'ingénieuse position du charbon positif et grâce à l'action d'un souffleur magnétique, jaillit dans un plan rigoureusement horizontal.

Ce dernier point permet, étant donné que tous les rayons émis passent par le condensateur, de réaliser sur la consommation d'énergie électrique, une économie de 50 pour 100 et de faire avec une petite lampe de 5 ampères par exemple, une projection aussi blanche qu'avec une lampe à main absorbant de 8 à 10 ampères.

Entretien des lampes à arcs. — Pour l'entretien des lampes, il faut, en premier lieu se conformer aux instructions données par les constructeurs ; le fonctionnement d'un appareil se ressentira toujours des soins qui lui seront donnés et dont la base sera la grande propreté des différentes pièces du mécanisme.

Chaque fois qu'on procédera au changement des charbons, on en profitera pour enlever la poussière avec un pinceau ; puis, avec un chiffon largement imbibé de benzine, on nettoiera les parties conductrices du courant et les supports des charbons, ainsi que toutes les parties saillantes du mécanisme. Enfin, on s'assurera que les vis et écrous des pièces mobiles sont toujours serrés à fond.

Charbons à employer. — Nous ne surprendrons personne en disant que la composition des charbons a une influence très grande sur le rendement de l'arc voltaïque. On sait, par exemple, que Davy employait des baguettes de charbon de bois éteint dans l'eau ou du mercure : ces baguettes brûlaient assez régulièrement, mais trop rapidement pour être employées d'une manière industrielle. Ce fut Foucault qui, le premier, remplaça le charbon de bois par les dépôts recueillis sur les parois des cornues à gaz. Le charbon de cornue est plus dense que le charbon de bois et résiste plus longtemps à l'action destructive de l'arc voltaïque ; mais sa composition n'est pas uniforme, ce qui produit des variations considérables dans l'intensité lumineuse. Ces variations proviennent de la présence des matières étrangères, sels alcalins ou terreux et silice qui se vaporisent et contribuent à former la flamme qui entoure l'arc. On a cherché à purifier les charbons de cornue à l'aide de divers precédés, mais sans y réussir complètement.

L'industrie fournit des charbons passés à la filière et des charbons moulés ; les premiers sont moins denses et conviennent mieux pour les basses pressions qui exigent un courant plus intense et doivent posséder une plus grande conductibilité. La composition de la pâte varie suivant les fabricants ; elle est généralement formée d'un aggloméré de coke en poudre, de noir de fumée et d'un sirop de gomme et de sucre très épais, séché préalablement à une haute température.

On recouvre quelquefois les charbons de cuivre ou de nikel, par voie d'électrolyse, afin d'en augmenter la durée.

Pour le courant continu, le crayon positif, placé à la partie supérieure de l'arc, possède une mèche formée d'un charbon de composition différente et beaucoup plus tendre que la partie extérieure. L'usure des *charbons à mèche* ou à âme, se fait d'une façon très régulière.

On sait que le crayon positif s'use deux fois plus vite environ que le crayon négatif, lorsqu'il est fait usage du courant continu. L'usure est, au contraire, sensiblement la même si l'arc est alimenté par un courant alternatif. C'est pour cette raison qu'on emploie des charbons de diamètres différents pour le courant continu et des charbons de même diamètre et de même composition en *charbons homogènes*, quand il s'agit de courants alternatifs.

Dimensions des charbons. — La théorie et la pratique sont d'accord sur ce point que le rendement lumineux des crayons est en raison inverse du diamètre; l'augmentation de la température l'explique, du reste, facilement.

Il faut tenir compte cependant qu'en réduisant par trop la section, on diminue la durée; de plus, si la densité du courant est trop élevée, l'arc se met à siffler. On se trouve donc amené à prendre des diamètres un peu plus forts. Nous donnons ci-après un tableau des diamètres de charbons à employer pour arriver au maximum de lumière suivant la nature du courant et suivant l'ampérage adopté; on y verra que les charbons pour courants alternatifs sont plus faibles que pour les courants continus.

COURANT CONTINU			COURANT ALTERNATIF	
AMPÉRAGE	(+) A AME	(—) HOMOGÈNE	AMPÉRAGE	∞ A AME
	m/m	m/m		m/m
5 à 12	10	7	15 à 20	10 ou 12
15 à 20	14	10	20 à 25	12 ou 14
20 à 25	16	12	25 à 30	14 ou 16
25 à 35	18	14	30 à 40	16 ou 18
35 à 45	20	16	40 à 50	18 ou 20
45 à 55	22	18	50 à 60	20 ou 22
60 à 100	30	24	60 à 80	22 ou 24

CHAPITRE IV

~~~~~~~~~~~

Instructions

pour la mise en marche

~~~~~~~~~~~

Les appareils constituant le poste cinématographique étant installés comme il vient d'être dit, et tous les organes solidement fixés, on relie par une courroie métallique très flexible la poulie extérieure du mécanisme d'entraînement et celle de l'enrouleuse automatique, puis on met en place la manivelle.

Un dernier coup d'œil jeté à l'ensemble, il ne reste plus qu'à allumer la lanterne, centrer la lumière, placer le film et tourner la manivelle.

Projections par transparence
et projections par réflexion

Suivant les dispositions du local, l'opérateur décidera si la projection doit être faite par transparence ou par réflexion.

La projection est appelée *par réflexion* lorsqu'elle est faite directement, c'est-à-dire par-dessus la tête des spectateurs :

1º Sur un mur parfaitement plan, lisse, c'est-à-dire sans aucune rugosité, et blanchi à la chaux ou peint à la colle en blanc mat, car les miroitements de la peinture à l'huile sont d'un effet désagréable;

2° Sur un écran très blanc, autant que possible sans coutures ni reprises, tendu devant ou contre un mur, et auquel on aura donné la plus grande opacité possible. Les images sont alors plus lumineuses, tous les rayons étant réfléchis par la couche opaque.

Pour les projections *par réflexion*, le poste étant placé en arrière des spectateurs, son éloignement de l'écran demande l'emploi d'un objectif *long foyer*. Il est indispensable que le faisceau lumineux soit suffisamment élevé au-dessus de la tête des spectateurs pour que ceux-ci puissent passer dessous sans que leur ombre se projette sur l'écran.

La projection est dite par *transparence* lorsqu'elle est vue au travers de l'écran, c'est-à-dire lorsque le public est séparé du poste projecteur par une toile translucide.

Ce procédé présente à notre avis un avantage appréciable : celui de donner plus d'illusion, plus de mystère; on le trouve appliqué dans les grands vaisseaux qui peuvent être divisés facilement, dans les salles de spectacle où se trouve une scène de théâtre, dans un salon séparé d'une autre pièce par une double porte dans l'embrasure de laquelle l'écran est fixé, etc., etc.

Pour les projections par transparence, la distance qui sépare la lanterne à projections de l'écran étant en général beaucoup moins grande que dans les cas de projections par réflexion, il y a lieu d'employer un objectif d'un foyer moins long, ou, en d'autres termes, dont le système optique a un pouvoir dispersif supérieur, afin que les images, quoique projetées à courte distance, restent aussi grandes que si elles étaient projetées de loin. L'objectif qui donne de grandes images avec un faible recul est dit à *court foyer*.

Il importe de savoir, cependant, qu'un objectif à très court foyer donne des images déformées.

Si la projection est faite par transparence, la gélatine sera placée *en dessous*, soit *face à l'objectif* et non à la lumière.

Pour projeter par transparence, — nous l'avons dit par

ailleurs, il est nécessaire d'avoir un écran qui ne laisse pas passer le point lumineux au travers de la trame de la toile. Pour parer à cet inconvénient divers systèmes sont employés; mouiller l'écran avec de l'eau, additionnée de glycérine pour éviter l'évaporation trop rapide de l'eau; on est obligé de recommencer l'opération à chaque séance. Se servir d'un verre dépoli ce n'est pas pratique pour une grande surface. Il faut donc revenir aux écrans spéciaux. Le meilleur est, sans conteste le *Janus*, fabriqué par la Bonne Presse. Cet écran est en usage dans un grand nombre de Cinéma-Halls parisiens; sa composition est telle que le point lumineux est absolument invisible; de plus, la lumière se trouve répartie également sur toute la surface. Il n'est pas besoin de le mouiller. Il se plie et se roule à volonté; peut même se laver, si besoin est.

Centrage de la lumière et mise au point. — Le centrage de la lumière se fait de la même façon que pour les projections fixes. Le centrage doit être fait avant de mettre la pellicule en place dans l'appareil. Pour qu'une lumière soit bien centrée, il faut que le disque lumineux encadre parfaitement la fenêtre de l'appareil et déborde de 1 centimètre de chaque côté environ.

Un centrage est parfait lorsqu'il n'y a aucune ombre sur l'écran. Si le faisceau lumineux est bien dans l'axe du condensateur et de l'objectif et qu'une ombre circulaire apparaisse sur l'écran, c'est que le foyer est trop éloigné ou trop rapproché du condensateur.

On obvie à un centrage défectueux de la façon suivante :

La pénombre se produit à droite; il faut déplacer la source lumineuse vers la gauche.

Pénombre à gauche; déplacer la source vers la droite.

Pénombre en haut; déplacer la source vers le bas.

Pénombre en bas; déplacer la source vers le haut.

Si, tout en étant bien dans l'axe, on obtient une pénombre circulaire sur les bords du disque (*fig.* 50,6), c'est qu'on est ou trop loin ou trop près du condensateur. *La pénombre est bleue si l'on est trop près; elle est rougeâtre si l'on est trop loin.*

Par les exemples indiqués ci-dessus, l'on voit qu'il est très facile de centrer sa lumière.

Les observations s'appliquent à *tous les genres d'éclairage*. Pour la lumière oxhydrique les cinq positions défectueuses 2, 3, 4, 5, 6 peuvent exister, les chalumeaux tournant en tous

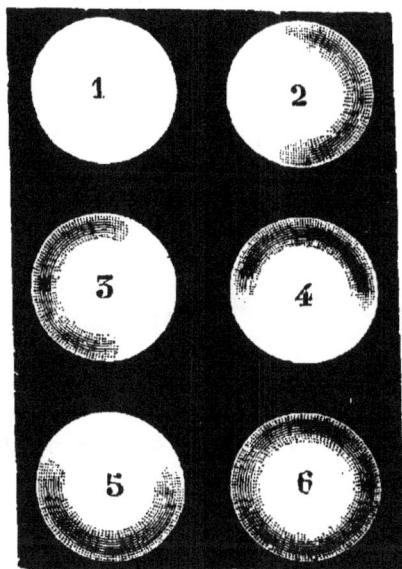

Fig. 5o.

sens. On tiendra compte que le centrage doit être d'autant plus parfait que l'intensité de la source lumineuse est plus faible et qu'un déplacement même d'un millimètre suffit pour modifier l'uniformité de l'écla.rage de l'écran.

La lumière étant bien centrée il ne reste qu'à mettre au point en manœuvrant la crémaillère de l'objectif jusqu'à ce que les bords du cadre de la projection soient bien nets. Lorsque la pellicule est en place il reste peu de chose à faire pour avoir une mise au point rigoureusement exacte.

CHAPITRE V

I. — CONSEILS PRATIQUES

I. — L'opérateur

Nous avons parlé de l'installation d'un poste de cinématographie; nous serions incomplets si nous ne disions un mot de l'opérateur, « cet être invisible qui se dérobe aux regards dans les mystères de sa cabine, le *Deus ex machina* de l'exploitation ». Nous le devons d'autant plus que peu de spectateurs, confortablement installés dans le fauteuil d'un théâtre cinématographique, l'esprit tout entier retenu par l'agrément du spectacle, s'imaginent qu'il y a là, derrière eux, un homme qui pense, agit et souffre, parce qu'une minute, une seconde de défaillance, une distraction, peuvent compromettre la séance ou déterminer un accident irréparable.

L'expérience nous a montré cent fois que l'opérateur ne se forme pas en quelques heures et qu'on avait tort de livrer un instrument au premier amateur venu, pourvu qu'il fût intelligent et consciencieux. Les exemples sont trop nombreux d'incendie, d'appareils abîmés, de films détériorés, d'enfants et de grandes personnes piétinés dans l'affolement général, pour confier un cinématographe à un opérateur n'ayant aucune connaissance de la technique moderne. En tout et pour tout, il importe de connaître son métier.

Et qu'appelle-t-on, dans la pratique, connaître son métier? Faut-il sortir des Arts et Métiers, de Centrale ou de Polytechnique? Faut-il être ingénieur, licencié, docteur ès sciences? Non, rien de tout cela n'est indispensable. Les diplômes n'ont pas encore fait de nos jeunes gens des praticiens, et c'est la pratique seule qui fait les bons opérateurs. Il faut cependant avoir quelques notions de mécanique, d'optique et d'électricité: rien de ce qui constitue la marche du cinéma : le fonctionnement des sources lumineuses, la réparation des films, ne doit être étranger à un opérateur, car il doit saisir *d'instinct* la réparation à faire au moindre trouble qui se manifeste.

De même que le conducteur d'automobile doit savoir réparer son moteur, sous peine de rester en panne jusqu'à ce qu'un passant généreux vienne le tirer d'embarras, de même un bon opérateur doit pouvoir, au cours d'une séance, remplacer sur-le-champ une pièce brisée ou détériorée, remplacer les plombs fusibles de l'installation électrique, raccommoder un fil subitement fondu.

C'est pourquoi la Chambre syndicale française de la cinématographie et le Syndicat français des directeurs de Cinéma, présidés respectivement par MM. Jules Demaria et Léon Brézillon, viennent de créer un certificat d'aptitude à l'usage des opérateurs dont les titulaires, il faut l'espérer, offriront toutes garanties à leurs directeurs.

Un opérateur doit être soigneux. — Dès l'entrée d'un Cinéma on peut, avec une certaine habitude, juger de la valeur de l'opérateur qu'il emploie.

La netteté de tous les appareils lumineux, la propreté des globes et le fonctionnement des arcs, l'ordre de disposition des vues, dix autres indices, indiquent que celui-ci est soigneux et que même, s'il ne s'occupe pas personnellement de ces détails, qui ont leur valeur, il veille à ce que tout soit en parfait état. Le premier coup d'œil sur l'écran est aussi un indice précieux. Celui-ci n'est jamais trop lumineux; pour obtenir une projection impeccable il faut le maximum de lumière. Combien de fois avons-nous entendu des opérateurs nous assurer qu'une fois leur foyer réglé à un nombre d'ampères déterminé, ils continuaient à passer leur programme se contentant de rapprocher leurs charbons au fur et à mesure de leur usure, sans se rendre compte de la plus ou moins grande opacité des vues, des colorations, des effets de contre-jour, etc., qui font que constamment un opérateur véritablement digne de ce nom, est obligé d'étudier son arc, d'en augmenter ou d'en diminuer l'éclat.

Un opérateur doit être prévoyant. — Avant d'installer son appareil, il aura visité la salle, déterminé son emplacement et choisi dans sa trousse un objectif de foyer correspondant à la grandeur de l'image qu'il veut ou doit produire. Avant d'entrer en séance, l'appareil étant en place, naturellement, le *point* aura été fait et la lumière aura été *centrée*, afin d'éviter toute espèce de tâtonnement. En un mot il devra arriver 3 ou 4 heures avant la séance pour faire tous ses préparatifs et ne rien laisser à l'imprévu.

Un opérateur doit avoir du sang-froid. — La plus grande qualité, la qualité essentielle, celle qui distingue le bon opérateur du mauvais et du médiocre, c'est le *sang-froid*, le sang-froid qui ne se laisse jamais troubler, qui fait que l'homme conserve sa présence d'esprit en toutes circonstances, et surtout dans les cas les plus graves, parce qu'elle lui est alors le plus nécessaire. Un éclatement se produit, une simple goupille saute qui arrête l'appareil, un film prend feu, etc.; est-ce le moment de perdre la tête? Au contraire, dirons-nous, il faut la garder intacte, afin d'empêcher que ce qui est une simple surprise ou un contretemps désagréable ne se transforme en échec complet ou en accident redoutable.

Un proverbe dit : « La crainte est le commencement de la sagesse. » Eh bien! le sang-froid, pour un opérateur, est le commencement de la sagesse, c'est-à-dire le meilleur et le plus sûr moyen de devenir promptement habile dans son art, consciencieux, intéressant pour le public et digne de sa confiance; en un mot le bon opérateur.

Quelque soin qu'il prenne à suivre attentivement les instructions, l'opérateur débutant peut se trouver en présence de petites difficultés dont nous signalerons les principales en même temps que le moyen pratique d'y remédier.

Ajoutons que les opérateurs ont constitué divers groupements professionnels que nous signalons très volontiers :

1° Union amicale du Cinématographe, 26, boulevard de la Villette, Paris.

2° Association des opérateurs professionnels français, 30, boulevard de Magenta, Paris.

3° L'Union mutuelle des opérateurs cinématographistes de France, 50, boulevard de Strasbourg, Paris.

4° Le Syndicat des opérateurs de Bordeaux.

5° Le Syndicat des opérateurs de Marseille.

Entretien des appareils

Si parfait que soit l'appareil dont on se sert, c'est un instrument délicat et qui exige beaucoup de soins. Bien des opérateurs semblent l'ignorer, surtout lorsqu'ils emploient des appareils qui ne leur appartiennent pas.

En ce qui concerne les appareils, il est de toute évidence qu'on ne peut exiger d'une machine, quelle qu'elle soit, de ne jamais s'user; un maniement habile et soigneux, l'état constant de propreté de l'appareil et des accessoires lui conserveront son bon fonctionnement, et les seules réparations nécessaires se réduiront à quelques pièces à remplacer de loin en loin.

Dans les projecteurs actuels à croix de Malte, le film est entraîné par adhérence; après le passage d'une longue bande, il se forme quelquefois dans le couloir ou fenêtre de l'appareil, sur les ressorts contre-griffes et sur les lames du cadre, des agglomérés de gélatine et de poussières qui acquièrent une grande dureté ; cette crasse raye la pellicule et produit ces affreuses raies verticales qui donnent sur l'écran l'aspect de fils de fer tendus.

Il faut avoir la précaution de brosser fréquemment les coulisses de l'appareil et de passer un chiffon gras ou le doigt humide de vaseline sur les lames du couloir et celles de la porte et de les essuyer ensuite. Le mécanisme tout entier sera passé de temps en temps au pétrole qui décrasse et lubrifie ; on évitera l'essence qui sèche.

Graissage. — Ne pas huiler beaucoup à la fois, mais renouveler souvent l'opération. N'employer que des huiles minérales pures, telle que l'huile de vaseline blanche. Ne pas huiler à tort et à travers : les parties à graisser sont munies d'un trou de graissage dans lequel on introduit quelques gouttes d'huile au moyen d'une burette. La croix de Malte sera huilée avec le plus grand soin ; si elle est enfermée dans un carter, celui-ci sera nettoyé et l'huile renouvelée chaque semaine.

Quand la séance est terminée, un opérateur soigneux essuiera avec soin le dérouleur et enlèvera toutes les poussières qui auraient pu s'introduire dans les parties huilées.

Objectifs. — Faire en sorte que les objectifs soient toujours bien propres ; lorsqu'on les démonte pour les nettoyer, s'assurer en les remettant que les parties les plus bombées des lentilles sont tournées du même côté.

Condensateurs. — De même que l'objectif, le condensateur doit être maintenu dans un état de propreté absolue, exempt de toute tache de doigts. Les lentilles doivent avoir du jeu et une bonne ventilation. Lors de l'extinction de la source lumineuse, il importe de prendre toutes précautions pour éviter les courants d'air froids sur la lanterne. Une fêlure sur une lentille de condensateur n'est pas visible sur l'écran pour le cinématographe, mais se voit fort bien dans la projection fixe. Nous ne saurions trop recommander d'avoir toujours à sa disposition un condensateur ou plusieurs lentilles de rechange. Pour conserver aux lentilles leur pureté, certains opérateurs les nettoient avec un linge vaseliné, et les essuient ensuite avec un linge fin parfaitement sec. La vaseline, qui reste fatalement sur les lentilles, les préserve de la chaleur de l'arc et empêche la buée de se former.

Entretien des films

Là encore il nous faut insister sur la propreté. L'opérateur veillera à ce que les films ne traînent jamais par terre, car ils risqueraient de ramasser des poussières qui, à l'enroulement ou au déroulement, auront vite fait de les endommager. Ces raies verticales dont nous avons parlé, semblables à des fils de fer tendus en travers de l'écran, ces parcelles de gélatine enlevées qui forment autant de flocons de neige, ces stries irrégulières qui donnent l'impression d'un travail inachevé, tout cela gâte le plaisir du public connaisseur et discrédite un spectacle de premier choix.

Lorsqu'on réenroule une bande qui vient d'être projetée, il faut avoir soin de la diriger sur l'enrouleuse en la faisant glisser entre deux doigts : on retient ainsi les poussières en même temps qu'on se rend compte si le film présente des traces de déchirures.

Nous avons dit, par ailleurs, que l'appareil de projection n'est pas étranger à l'usure, pas plus qu'à la détérioration des films : le mode d'entraînement influe considérablement; mais, en admettant que l'appareil employé soit irréprochable, il est nécessaire de l'examiner souvent pendant la marche pour voir si aucune des parties en contact avec la vue ne la raye.

Entre chaque bande, l'opérateur s'assurera que les glissières, le cadre de compression et les différents points de frottement avec la pellicule sont en état de propreté.

Réparations. — Les déchirures proviennent, dans la plupart des cas, d'un froissement violent de la bande ou d'un tirage exagéré de l'enrouleuse automatique ; elles se produisent ordinairement au niveau des trous de la perforation ; la réparation doit en être faite aussitôt après la séance. Il peut encore se produire des fentes, des cassures dans les perforations elles-mêmes ; il faut les réparer dès qu'on s'en aperçoit par l'application d'une petite parcelle de celluloïd empruntée à une vieille pellicule, faute de quoi la vue aura vite fait de se déchirer entièrement dans une prochaine projection.

Les réparations des bandes, comme tous les collages, se font au moyen d'acétate d'amyle, produit très parfumé et inoffensif, ou de l'acétone, dont la propriété est de dissoudre le celluloïd ; ces liquides font l'office de colle et produisent, à proprement parler, une soudure autogène.

L'acétone et l'acétate d'amyle dissolvent le celluloïd, mais n'ont aucune action sur la gélatine ; il est donc nécessaire de dépouiller de sa gélatine une petite partie d'une image pour faire le collage.

Pour coller deux bandes, il suffit de couper transversalement avec des ciseaux, un peu au-dessus de la séparation d'une image (entre la première et la seconde perforation qui suivent cette séparation), l'une des bandes à raccorder. A l'aide d'un grattoir on enlève la gélatine de la partie débordant de l'image. En mouillant légèrement la partie gélatine à enlever, celle-ci se détache plus rapidement et avec plus de facilité.

Tremper ensuite un pinceau dans l'acétate et en induire la partie dégélatinée que l'on applique aussitôt sur le celluloïd de l'autre pellicule, en ayant soin de laisser intactes les perforations et en s'assurant que celles-ci sont bien superposées. Presser fortement avec le doigt ; en moins d'une minute, la soudure est faite. En utilisant une presse spéciale le repérage est plus sûr ; ces presses sont munies de petites aspérités correspondant aux perforations du film. Un bouton de pression à vis assure un contact parfait pour la soudure.

Conservation. — Il faut entretenir les films dans un certain état de souplesse, en les conservant dans une atmosphère suffisamment humide. Placé dans un endroit chaud et sec, le film perd de sa plasticité et devient facilement cassable; un excès d'humidité, au contraire, peut avoir pour résultat de détériorer la couche gélatineuse en la détachant de son support.

On trouve actuellement dans le commerce des « boîtes à humidifier » (*fig.* 54), formées d'une caisse en zinc avec une plaque

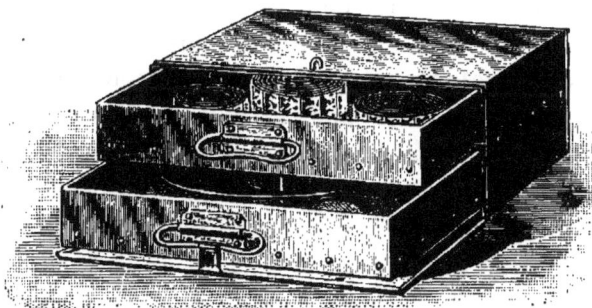

FIG. 5r.

perforée, sur laquelle se placent les pellicules que l'on desserre un peu. Au fond de la cuve, c'est-à-dire au-dessous de la séparation perforée, on met un peu d'eau dans laquelle on mélange 40 pour 100 de glycérine environ, ou bien encore un corps spongieux humide.

Il existe aussi des boîtes en fer battu, rivé et étamé, sans soudures, qui ont sur les boîtes en zinc le grand avantage de ne pas s'oxyder.

Recommandations. — Lorsqu'une pellicule est décollée ou déchirée, ne jamais rejoindre les deux extrémités avec une épingle, car on s'expose non seulement à rayer le film, mais encore à se blesser.

Dans les manipulations, on évitera de mettre les doigts sur le film, car les empreintes se trouvent projetées et produisent, sur l'écran, un très mauvais effet; il faut le prendre par les bords.

II. — CAUSES D'INSUCCÈS

La projection est brouillée. — Il y a comme un brouillard
sur la vue : 1° par suite d'une différence de température, le
condensateur est couvert de buée; l'essuyer avec un linge fin et
attendre quelques instants pour que s'opère l'évaporation de
cette buée; 2° l'objectif a été démonté pour le nettoyage, et les
lentilles ont été mal remontées. Il faut se rappeler que les cour-
bures les plus accentuées doivent être placées dans le même
sens; 3° les lentilles sont bien à leur place, mais l'objectif a été
mis à l'envers dans la monture. Les parties bombées doivent
être à l'avant; la flèche gravée sur l'objectif indique le sens
dans lequel il doit être enfoncé.

Mise au point impossible. — On a beau tourner la crémaillère de mise au point en avant et en arrière, on n'arrive pas à
mettre au point : l'opérateur a tout simplement trop enfoncé
l'objectif dans la monture, s'il s'agit d'un long foyer, et pas
assez si c'est un court foyer.

Bords flous. — Dans un même sujet, une partie des bords de
l'image est nette et l'autre floue : dans ce cas il y a déformation; l'image est plus grande d'un côté que de l'autre; c'est
qu'alors l'appareil n'est pas perpendiculaire à l'écran.

Filage. — Cet effet si désagréable du filage est produit par
un mauvais réglage de l'obturateur : 1° l'arbre a été démonté
pour une cause quelconque et n'a pas été remis bien à sa place;
les deux pignons coniques portent généralement chacun un
point de repère, ces deux points doivent se trouver vis-à-vis l'un
de l'autre; 2° l'obturateur est placé sur son arbre, mais on a
omis de le fixer : on dit qu'il est fou sur son axe; il faut l'assu-
jettir au moyen de la vis.

Lorsqu'un obturateur est bien réglé, le secteur le plus large doit commencer sa fonction, c'est-à-dire à couvrir l'objectif, au moment précis où l'image commence à se déplacer.

Flottement vertical de l'image. — 1° La table n'est pas d'aplomb ou le sol sur lequel elle repose n'est pas suffisamment rigide. Cet inconvénient se rencontre sur des scènes où les planchers sont plutôt élastiques; 2° le dérouleur n'est pas bien fixé sur la table, il faut resserrer les écrous.

Ce flottement peut aussi se produire avec des bandes ayant des perforations déchirées; les dents, au passage sur les tambours, ne peuvent mordre sur un nombre suffisant de perforations, le film s'arrête insensiblement et la boucle du bas se raccourcit, ce qui occasionne un flottement suivi souvent de la rupture du film; cela peut se produire aussi lorsqu'un film est légèrement trop large : rien à y faire, il est préférable de l'enlever pour éviter de l'abîmer.

Pellicule bloquée. — La pellicule se bloque sous le tambour débiteur du haut ou au-dessus de celui du bas : la boucle est trop grande; arrêter l'appareil et remettre la pellicule en place.

La boucle du haut s'allonge. — La chaîne de Gall est trop lâche, il faut la tendre, opération très facile à faire si l'on a sous la main un tournevis ordinaire. En effet, la roue du bas qui entraîne la chaîne est montée ainsi que le tambour denté sur un pont; ce pont est mobile et fixé au corps de l'appareil par deux vis, une en haut et à droite, l'autre en bas et à gauche : on desserre ces deux vis et on descend le pont.

La boucle du bas se raccourcit et l'enrouleuse tire sur la pellicule. La vis b de l'enrouleuse (*fig.* 15) est trop serrée. Si, au contraire, la pellicule ne s'enroule pas, c'est que la vis b n'est pas assez serrée.

III. — LES BRUITS DE COULISSE

La cinématographie tendant de plus en plus à donner aux spectateurs l'illusion de la réalité, il était tout naturel que l'on songeât à accompagner les scènes cinématographiques des bruits divers qu'elles comportent, — bruits exécutés dans les coulisses par les procédés les plus propres à les rendre aussi semblables que possible à la réalité.

Tout n'est pas à inventer en cette matière : car depuis bien longtemps, au théâtre, des bruits de coulisses ont été mis en œuvre pour compléter l'impression scénique, et l'on s'est ingénié à trouver pour cela des appareils spéciaux.

La cinématographie peut donc emprunter au théâtre tout ou partie de ce qu'il a de bon et de pratique comme « bruits de coulisses », en l'adaptant aux particularités spéciales à chaque installation, en le complétant par les bruits qui, au théâtre, sont produits par les acteurs eux-mêmes, et qui, pour le cinématographe, doivent provenir des coulisses, puisque les scènes sont essentiellement muettes.

Les documents relatifs aux bruits de coulisses dans les théâtres ne sont pas nombreux. Ils ont été rassemblés principalement dans trois volumes [1] que nous allons résumer ici, tout en y ajoutant nos observations personnelles.

Détonations d'armes à feu. — Les détonations d'armes à feu : fusil, pistolet, revolver, s'obtiennent effectivement avec des armes à feu tirant des cartouches *à blanc*, c'est-à-dire ne contenant que de la poudre et pas de balles; on peut les imiter

---

(1) *L'Envers du théâtre*, par J. Moynet, volume illustré de la « Bibliothèque des merveilles. » (Hachette, Paris.) — *Trucs et décors*, par Georges Moynet (fils du précédent), volume illustré. (Jules Tallandier, éditeur.) — *La Science au théâtre*, par A. de Vaulabelle et Ch. Hémardinguer. (Paulin et Cie, Paris.)

par des coups secs donnés avec une solide baguette sur une caisse en bois vide.

Les coups de canon sont produits au moyen de gros pétards. On produira un effet analogue par un coup de mailloche sur la peau d'une grosse caisse sur laquelle une plaque de tôle est simplement posée : le coup imitera la détonation; les trépidations de la tôle imiteront les vibrations sonores accompagnant la décharge.

Fusillade. — Une fusillade soutenue — feu de file ou feu de peloton — peut être obtenue de deux manières, soit par la *tringle*, qui produit de véritables détonations, soit au moyen d'une puissante *crécelle*, qui les imite suffisamment.

La tringle est une planche assez épaisse où sont fixés, sur plusieurs rangs, 30 ou 40 canons de pistolets. Ceux-ci sont chargés d'avance, et toutes leurs lumières sont reliées par une mèche qui doit brûler plus ou moins vite, suivant la scène à accompagner. Le moment venu, on allume la mèche et la fusillade éclate avec un tapage infernal.

Tout le monde connaît la crécelle des enfants. Or, l'on a observé, dans les feux de file, que la série des détonations quasi simultanées, imitait, à s'y méprendre, le bruit sec et âpre d'une *grande crécelle*. On peut donc reproduire ce bruit avec une crécelle appropriée.

La fusillade s'imite au moyen des *pétards-postillons* vulgairement appelés crapauds, il s'en vend à 4, 7 et 10 coups. On se sert également d'une autre pièce d'artifice dite : *feu de peloton*. Ce sont de tout petits pétards réunis ensemble par grappe de 70.

Pour aider à l'illusion, on devra faire éclater ces pièces d'artifice dans un tonneau ouvert ou dans une grande caisse. Dans le fond du tonneau ou de la caisse, on aura soin de disposer une couche de terre ou de sable, afin de les garantir du feu.

Les coups de canon lointains s'imitent en frappant avec une mailloche sur une grosse caisse dont on aura détendu les cordes.

L'imitation du même bruit, mais rapproché, s'obtient en faisant éclater de gros pétards dans un tonneau comme il a été dit ci-dessus.

Tonnerre. — Pour imiter les roulements d'un tonnerre lointain, il suffit d'une longue plaque de tôle flexible, que l'on agite d'abord doucement, puis en accélérant vivement le mouvement. Cela produit un bruit sourd, saccadé, qui donne tout à fait l'illusion d'un tonnerre lointain.

Meyerbeer, à qui rien de ce qui touchait à la mise en scène de ses opéras n'était indifférent, avait trouvé un moyen très original d'imiter la foudre dans le *Pardon de Ploërmel*, et dont l'idée lui était venue un jour qu'il passait auprès de chantiers de démolition. Il avait remarqué que les gravois déchargés par les maçons à l'aide de tuyaux de bois produisaient un bruit sourd et saccadé, analogue à celui du tonnerre. Sur ses conseils, le directeur de l'Opéra-Comique usa de ce truc peu coûteux, qui donna les meilleurs résultats. Une vaste trémie en épaisses planches de sapin, munie intérieurement de traverses obliques et fermée à sa partie supérieure par une trappe à bascule, fut installée au fond de la scène. Au moment voulu, on fit basculer la trappe chargée de moellons, de pierres et de cailloux, qui, rebondissant sur les traverses qu'ils rencontraient, allaient heurter, avec un fracas épouvantable, les parois de la trémie.

Pour un tonnerre plus rapproché, une lourde brouette à roue polygonale chargée de pierres et rapidement conduite sur un plancher sonore, produit un excellent effet. Un effet semblable serait produit par un gros boulet de fonte lancé sur une pente coupée de ressauts.

Enfin, pour de violents éclats de tonnerre tout proche, rien ne vaut une série de douves de tonneaux et de plaques de tôles alternées, suspendues en échelles, à 30 centimètres les unes des autres, le long de deux cordes, comme les lames d'une jalousie, et qu'on laisse brusquement retomber de haut, les unes sur les autres. Cet écroulement imite très bien le craquement d'un coup de tonnerre rapproché. On le renouvelle en remontant chaque fois la série des douves au moyen de la longue corde qui les retient et qui passe sur une poulie fixée dans les combles.

On peut, naturellement, combiner ces divers bruits pour donner la sensation d'un orage étendu.

De gros haltères roulés sur un plancher, — surtout celui d'une scène, — et que deux personnes éloignées l'une de l'autre se renvoient mutuellement, produisent un bon roulement de tonnerre.

La grêle et la pluie. — Le bruit produit par la grêle ou par une grosse pluie est parfaitement imité au moyen d'un long tube de bois, coupé de vannes obliques, en bois ou en zinc, à pentes contrariées, dans lequel on verse des billes, des haricots ou des pois secs. Moins on incline le tube, plus le bruit est intense. En le retournant à plusieurs reprises, sens dessus dessous, comme un sablier, on peut prolonger le phénomène tout le temps nécessaire.

Les bruits de la mer et des galets. — Pour ces bruits, on emploie le même appareil que pour la grêle et la pluie, en ajoutant à chaque extrémité une peau de tambour mal tendue, et en laissant des intervalles suffisants entre chaque mouvement pour imiter l'alternance des bruits de la vague. On peut ajouter des boules de bois dur pour rendre le bruit plus sourd.

On obtient encore un excellent effet en frottant, avec cadence, sur une plaque de tôle, au moyen d'une grosse brosse de chiendent extrêmement dure.

Le vent. — Le bruit du vent s'imite très bien au moyen d'un cylindre à manivelle, disposé comme celui de la *crécelle à fusillade* dont nous avons parlé ci-dessus, et frottant contre une forte étoffe de soie plus ou moins tendue.

Ou bien, le cylindre, fortement anguleux, est revêtu d'une toile métallique et frotte contre des fils d'archal tendus.

On peut aussi obtenir les grondements et les sifflements du vent et des automobiles, au moyen de sirènes appropriées.

Bruit des chemins de fer et roulement des voitures. — Les bruits de roulement s'obtiennent tout naturellement au moyen de roues parcourant un plancher nu ou recouvert d'une plaque de tôle; on peut se borner encore à traîner une chaise sur le plancher de la scène et on ajoute au réalisme en secouant une douzaine de grelots et en ponctuant l'opération de quelques vigoureux coups de fouet.

Les coups sourds qui accompagnent les mouvements plus ou moins accélérés du piston, dans le chemin de fer, sont produits en frappant sur une plaque de tôle ou une grosse caisse des coups plus ou moins rapides.

Les bruits de sifflet et d'échappement de la vapeur s'obtiennent avec de l'air comprimé.

L'arrêt du train, avec ses chocs de tampons et ses grincements de freins, s'imite en entre-choquant des bouteilles, et en frottant contre l'une d'elles un bouchon de liège.

Au Châtelet, on employait trois machines pour imiter ce bruit:

1° Une plaque avec aspérités régulières tournant au moyen d'une manivelle et d'un pivot sur une autre plaque couverte de sinuosités arrondies, imite le bruit des roues sur les rails;

2° Des coups réguliers frappés sur une grosse caisse sur laquelle repose une plaque de tôle libre, imiteront les bruits du tampon et de la vapeur;

3° Un gros sifflet pour les signaux.

Cris d'animaux. — On a imaginé, pour la reproduction des cris très sonores de divers animaux, un tambour allongé revêtu d'une peau d'âne à l'une de ses extrémités. En travers de cette peau est tendue une corde à boyau, au centre de laquelle est attachée une autre corde semblable, sortant par l'extrémité libre du tambour.

Le préposé aux bruits de coulisse met ce tambour entre ses genoux et, avec un grand enduit de colophane, frotte la corde

à boyau, de façon à produire le mugissement le mieux approprié à la scène. On peut acquérir, en ce genre difficile, un très
grand talent pour faire, à volonté, le *cochon*, le *bœuf*, l'*âne*, le
coq, etc.

Verres cassés. — Des morceaux de verre jetés avec fracas
dans une cuve en zinc produisent un bel effet de bris des car-
reaux et autres. Un vieux panier, rempli de tessons de poterie
qu'on laisse tomber d'un peu haut, donne un bruit de casse très
bruyant, économique ; de plus, il évite la peine de ramasser les
débris.

Bruits de pas de chevaux. — Des fers à cheval munis de
courroies qui les maintiennent aux mains de machinistes, servent à imiter le pas des chevaux. Plusieurs hommes les frap-
pent avec ou sans cadence sur des planches, ou des boîtes remplies de ciment. Le même effet est obtenu avec deux coques de
noix de coco que l'on frappe en cadence sur une plaque de
marbre ou d'ardoise.

Bruits divers. — On donne l'illusion d'une troupe en marche,
en se frappant les cuisses avec les mains, ou bien encore en
glissant les pieds sur le plancher, comme pour le cirer.

Le bruit d'un cheval au galop est produit à peu près de la
même façon : on se frappe sur les cuisses, mais en cadence.

Le chant des oiseaux est généralement imité avec un petit
instrument que vendent les camelots et qui consiste en une
peau de baudruche serrée dans du cuir. On peut encore, pour
le chant du rossignol, utiliser une pipette en verre dans laquelle
on a préalablement introduit une certaine quantité d'eau.

Enfin, on trouve dans tous les bazars des instruments comme
le chant du coq, les cris de bébés, etc., qui trouvent leur
emploi dans les scènes comiques ; l'important est de savoir les
utiliser au moment opportun.

CHAPITRE VI

~~~

Suppression

des risques d'incendie

~~~~~~~~~~~~~~~

Au fur et à mesure que la cinématographie étend son domaine, il semble que de nouvelles mesures s'imposent pour assurer une sécurité plus grande du public admis aux séances, en attendant qu'on soit parvenu à rendre ininflammable la délicate pellicule. Propriétaires, exploitants, opérateurs, tout le monde, peut-on dire, s'ingénie à qui mieux mieux pour trouver un remède au danger qui semble les menacer chaque jour. La police elle-même veille, et l'ordonnance reproduite en tête de ce volume, bien qu'ayant soulevé de nombreuses protestations, est venue à son heure, car non seulement on doit supprimer tous les risques d'incendie que peut provoquer la combustion du ruban pelliculaire, mais il faut aussi songer aux accidents de moindre importance dont l'effet aurait également des conséquences fâcheuses sur une assistance prompte à s'émouvoir et à s'affoler, parce qu'elle est en grande partie composée de femmes et d'enfants.

Écran de sûreté. — La combustion de la bande est facilement produite lorsqu'on chauffe légèrement mais avec persistance une même partie de cette bande. La chaleur qui émane de la source d'éclairage est suffisante pour produire l'inflammation, si la pellicule séjourne pendant quelques secondes devant la fenêtre, mais ce danger n'est pas à redouter si le ruban se déplace d'un mouvement continu.

En règle générale, le seul point dangereux, celui d'où part l'incendie, est l'ouverture qui livre passage aux rayons projetés.

Depuis plusieurs années déjà, les constructeurs parisiens se sont mis, avec une activité dont il convient de les louer, à l'étude d'un système de protection formant écran entre le film et la source lumineuse ; plusieurs systèmes sont déjà dans le commerce, et semblent donner satisfaction. Ces écrans sont mus et commandés automatiquement par le mécanisme du cinématographe. Dès que l'appareil s'arrête, pour une cause ou une autre, cet écran ou volet métallique s'abaisse, s'interposant ainsi entre la source lumineuse et le film.

Ce système, tout au moins celui que nous avons vu et fait fonctionner dans certains modèles, est excellent. Cependant, la Préfecture de police du département de la Seine l'a jugé insuffisant et elle a exigé des exploitants un dispositif présentant plus de sécurité encore, et empêchant le feu de se transmettre, du point où il a pris naissance, c'est-à-dire de la baie ou fenêtre de projection, aux bobines d'alimentation ou d'enroulement de la pellicule. C'est dans cette transmission, dit-elle, que réside le véritable danger, car ces bobines peuvent contenir 200, 300, 400 mètres de pellicule, et quelquefois plus ; aussi, quand la flamme atteint cet amoncellement de matière combustible et même explosible, il peut se produire une brusque déflagration, accompagnée d'une flamme si haute et si chaude qu'il est fort difficile de s'en rendre maître et de l'empêcher de porter ses ravages aux alentours et d'atteindre l'édifice.

Volet automatique de sûreté. — Dans la figure 52, l'appareil projecteur est représenté avec son volet automatique qui se ferme en cas d'arrêt brusque du système dérouleur et intercepte les rayons lumineux dont la température, on le sait, suffirait à enflammer la pellicule.

Sur l'axe du volant et tout contre lui, est monté un plateau

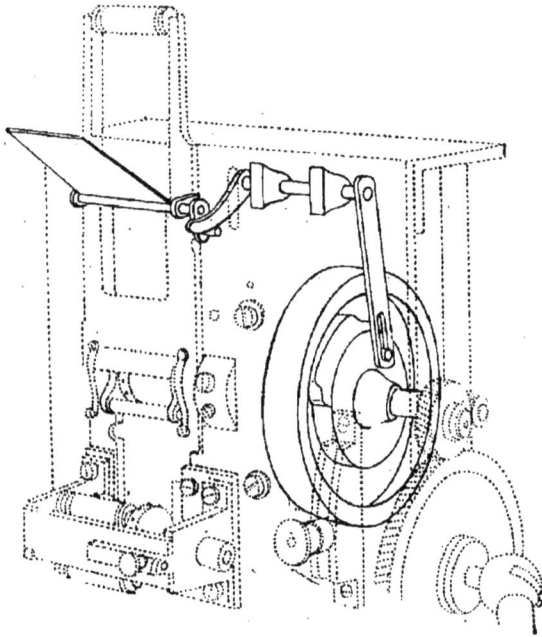

FIG. 52.

fou portant un contrepoids et un ergot engagé dans une fente longitudinale d'un levier relié au volet par un bras.

Dès que le volant a acquis une certaine vitesse, c'est-à-dire après quelques tours de manivelle, le plateau est entraîné par frottement, l'ergot décrit un arc de cercle et entraîne dans son mouvement le levier dont le bras relève le volet. Dès que la rotation du volant cesse ou que la vitesse devient insuffisante, le contrepoids du plateau fou ramène le levier à la position de repos et le volet s'abaisse par cela même.

Pour décaler le volet il est quelquefois utile de faire quelques tours de manivelle, rapides au début.

Carters pare-feu. — Pour limiter le foyer d'incendie, le réduire aux quelques centimètres de pellicule qui se trouvent

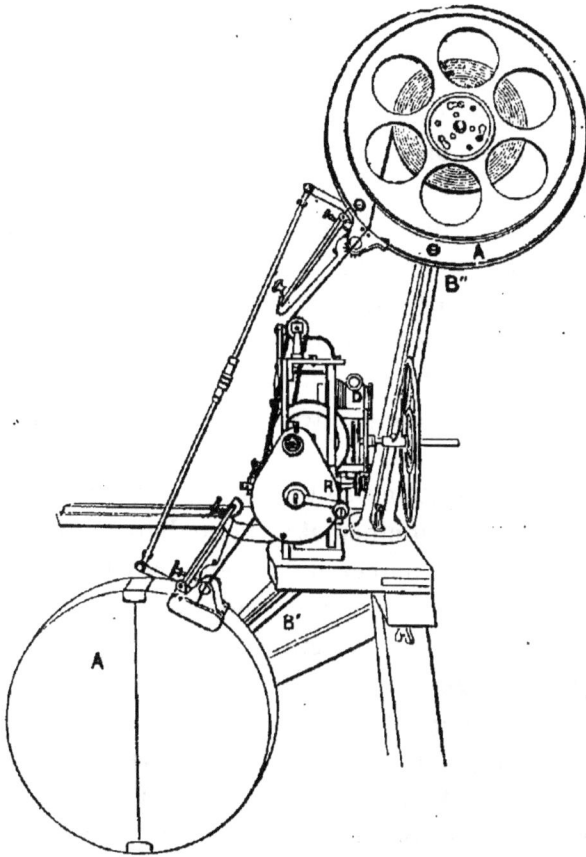

Fig. 53.

enclavés dans la fenêtre de projection, un de nos meilleurs praticiens, M. Mallet, opérateur au Musée Grévin, eut l'idée d'enfermer les deux bobines dans des chambres à l'épreuve du feu et de munir celles-ci de valves laissant un libre passage à la pellicule pendant le fonctionnement de l'appareil, mais qui se ferment instantanément et automatiquement dès que le dévidoir s'arrête ou que la tension de la pellicule est relâchée. Dans ces conditions, l'ignition de la pellicule au point de projection ne saurait avoir de conséquences graves, puisqu'elle a pour effet immédiat de faire disparaître la tension de la pellicule et, par conséquent, de provoquer l'occlusion des opercules des chambres de protection des bobines.

L'appareil Mallet, dont la maison Pathé frères s'est assuré le monopole en acquérant les brevets de l'inventeur, est composé de deux boîtes métalliques A (*fig.* 52), munies d'un couvercle à recouvrement total. Au centre de chaque boîte, se trouve l'axe en acier sur lequel se fixent les bobines débitrices et réceptrices. La boîte supérieure est supportée par une potence en fer B″ qui maintient la boîte au-dessus du cinématographe.

La boîte inférieure est maintenue par un bras en fer B′ qui porte à son extrémité la poulie de l'enroulement automatique où se place la courroie d'entraînement montée sur le débiteur ordinaire.

Ainsi placé, le système se trouve exactement dans le prolongement du couloir du cinématographe dans lequel passe le film.

Chaque boîte est percée d'une fente sur le côté pour le passage du film qui est protégé de tout frottement par deux petits rouleaux de cuivre évidés. Cette fente prolongée extérieurement traverse un gros goujon en acier tournant dans une masse fixe.

Les goujons — appelés aussi boisseaux de robinets — sont reliés ensemble par une tige T dont on règle la longueur hors du montage du poste. Cette tige est articulée à chaque extrémité par une bielle coudée C. En tirant vigoureusement de haut en bas sur cette tige T le goujon fait cisaille et coupe net le film.

En outre et par surcroît de précaution, la fente est fermée extérieurement par un obturateur à ressort qui est maintenu ouvert par un cordonnet de fulmi-coton. De sorte que si le film vient à s'enflammer, il communique le feu au fulmi-coton, celui-ci cède aussitôt et abandonne l'obturateur qui ferme instantanément la fente et isole d'une façon absolue les parties de films contenues dans les boîtes.

Nombreux sont les systèmes de carters métalliques qui ont vu le jour depuis quelques années. On peut dire que chaque constructeur d'appareils cinématographiques possède le sien.

FIG. 54.

Des procédés très simples et très sûrs ont figuré sur de nombreux modèles d'appareils, notamment sur ceux de Power, en Amérique, Urban, en Angleterre, Gaumont, Demaria et Bonne Presse, à Paris. La plupart emprisonnent les bobines de films et possèdent une fente étroite sur le côté, pour le passage de la pellicule.

Dans le modèle Gaumont (*fig.* 54), le carter que l'on place dans le haut est précédé d'un couloir de quelques centimètres de long dans lequel passe la bande avant d'arriver à l'appareil. C'est ce couloir qui, par le phénomène de la raréfaction de l'air occasionné justement par l'incendie de la petite partie de la pellicule se trouvant dans les organes de l'appareil dérouleur, arrête immédiatement l'incendie et l'empêche de se propager dans le carter où se trouve la bobine de film. La partie brûlée ne peut donc dépasser 25 à 30 centimètres.

Lorsqu'on utilise les carters, le placement de la pellicule subit une modification : on supprime les deux fourches porte-bobines, et, au lieu de la placer sur les fourches, on introduit la bobine munie de son film dans le carter supérieur. La pellicule sort par une fente ménagée à cet effet, maintenue par deux petits rouleaux métalliques, afin de la préserver des poussières qui pourraient la rayer; de là elle est conduite dans le carter inférieur où se trouve déjà une bobine vide, et le bout est engagé sous la pince-ressort de cette bobine.

Emploi de la cuve à eau. — Bien que l'emploi des volets automatiques de sûreté et des carters pare-feu se soit en quelque sorte généralisé, la cuve à eau est à recommander encore; nous déplorons seulement que le modèle courant, le type classique, soit si mal compris et diffuse une lumière considérable, au lieu de servir simplement de châssis refroidisseur : un petit cône en cuivre, fait gagner beaucoup de lumière et n'entraîne pas une grande dépense.

A l'avant de la cuve, les constructeurs ont eu l'idée fort ingénieuse de disposer un verre dépoli qui intercepte une partie des rayons caloriques et laisse passer suffisamment de lumière pour la mise au point du film. Dès que l'appareil dérouleur est mis en marche, on relève ce verre dépoli ou on le tourne de côté, selon qu'il est monté à volet ou à tourniquet.

Quant au liquide à introduire dans la cuve elle-même, il se borne à une solution de 15 pour 100 d'alun ou 5 pour 100 d'acide acétique, dans de l'eau *distillée* ou de l'eau *bouillie* et filtrée; l'alun ordinaire est utilisé aussi pour la clarification de l'eau; l'acide sulfurique a, lui aussi, comme propriété de rendre l'eau extraordinairement limpide, il évite le dépôt de carbonate de chaux qui se produit sous l'influence de l'élévation de température et de la vaporisation de l'eau.

CHAPITRE VII

La Projection parlante

La projection parlante, c'est-à-dire la réunion synchronique du cinématographe et du phonographe, conduits automatiquement, a constitué, dès l'apparition de ces deux appareils, un problème passionnant par la hauteur de son importance. Des tentatives de solution, aussi nombreuses que diverses, ont été risquées de toutes parts et dans tous les pays ; le premier, en 1903, M. Gaumont lançait dans le commerce son *Chronophone* qui, perfectionné d'année en année, a connu le véritable succès.

Il nous faudrait décrire en détail le chronophone de Gaumont et les différents systèmes venus à sa suite : ceux de Gentilhomme, de Couade, de Gibls ; nous renverrons pour cela à un grand ouvrage qui se prépare actuellement dans nos bureaux et qui, nous l'espérons, verra le jour l'an prochain. Nous nous en voudrions cependant de ne pas mentionner le *cinématographe parlant* de Georges Mendel, construit sur des données scientifiques absolument nouvelles et qui donne la reproduction exacte et complète de la vie d'une manière parfaite et absolue.

Le « synchronisme » qui relie les deux appareils est un bijou électro-mécanique qui pèse 8 kilos, grand comme une boîte à compas ; c'est une merveille de simplicité.

Les plus jolies scènes ont été créées pour compléter l'œuvre et nous avons vu défiler des opéras, opéras-comiques, récits de nos meilleurs artistes qui, par leur diversité, amuseront toutes les classes de la société : rien n'a été négligé pour la fidélité absolue des tableaux, tant au point de vue de la mise en scène qu'au point de vue des décors, des costumes et de la figuration.

Ajoutons que l'appareil est *indéréglable* ; le cinématographe et le gramophone peuvent marcher indépendamment l'un de l'autre.

Etablissements PATHÉ FRÈRES, Paris

Projecteur PATHÉ renforcé (Modèle 1913)

PRIX :

340 fr.

avec volet :

355 fr.

Le SEUL ayant obtenu LA PLUS HAUTE RÉCOMPENSE
aux récentes Expositions Internationales Cinématographiques

Table des Matières

---

*" **LE COURRIER** " est le journal technique le plus rapidement informé, le mieux documenté, le plus important et le plus lu de l'Industrie cinématographique.*

Le Courrier
CINÉMATOGRAPHIQUE

RÉDACTION & ADMINISTRATION : 28, B⁴ St Denis, PARIS

CH. LE FRAPER
DIRECTEUR-FONDATEUR

IMPRIMERIE : 58, rue Grenéta, PARIS

TÉLÉPHONE { Direction : NORD 56.33
Ad Télégraphique Imprimerie : CENTRAL 66.64
COURCINÉ-PARIS

" **LE COURRIER** ", avec ses deux Éditions hebdomadaires, pénètre partout, à Paris comme en Province ou à l'Étranger, chez l'Éditeur, le Constructeur, le Loueur, le Directeur de Cinéma, enfin chez tous les hommes qui, de près ou de loin, s'intéressent au Cinématographe, en vivent ou s'en récréent.

Aussi sa publicité, très recherchée, est extrémement fructueuse à cause du nombre de ses abonnés qui dépasse maintenant **4.000** et de la qualité de sa clientèle.

Le Numéro : **30 Centimes**

ABONNEMENTS. . . . . . . { FRANCE. : **15** francs par an
{ ÉTRANGER **20** — —

Un Numéro spécimen est envoyé sur simple demande accompagnée de 0,30 en timbres poste

73.670. — Paris. Imp. LAHURE, 9, rue de Fleurus.

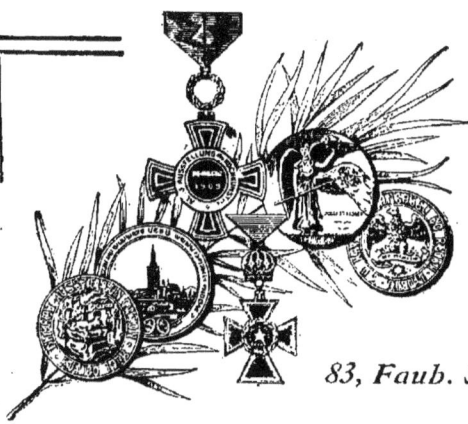

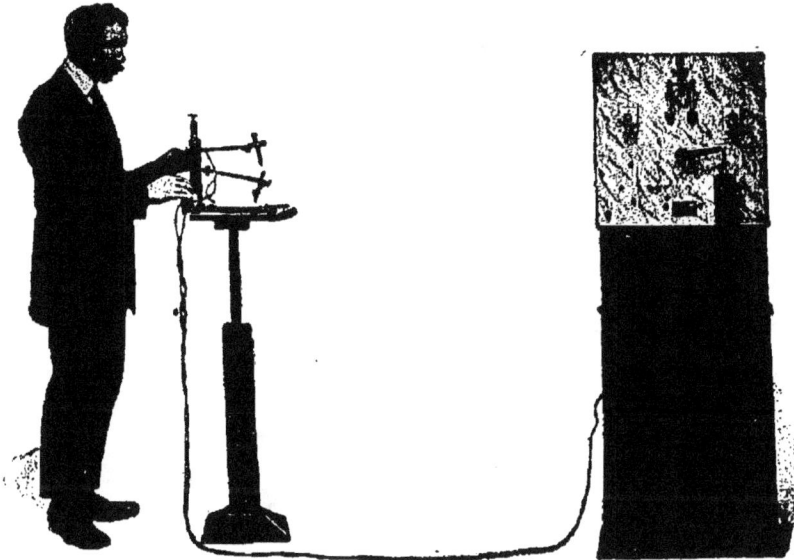

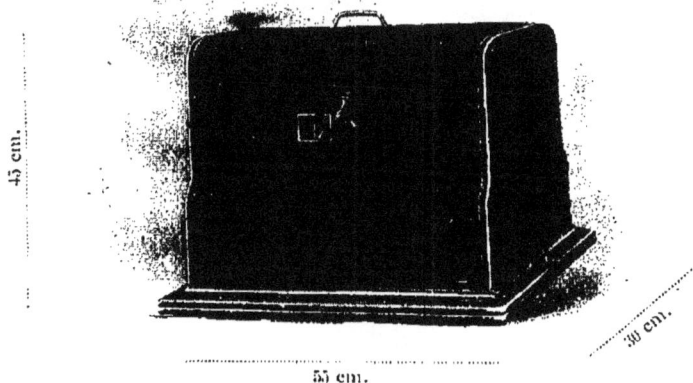

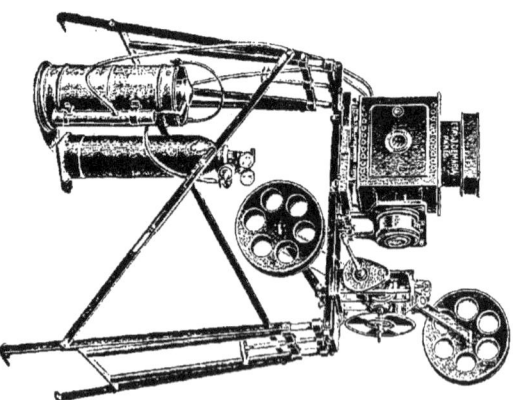

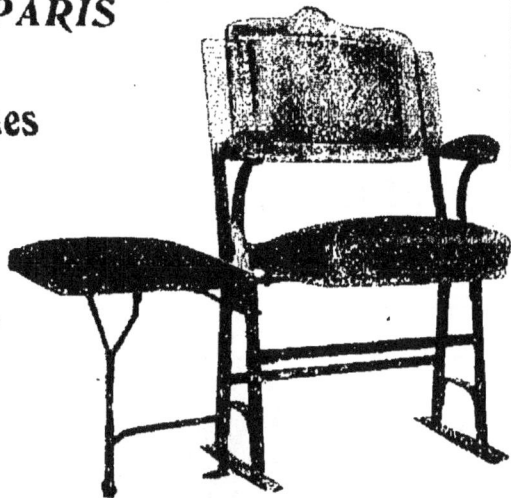

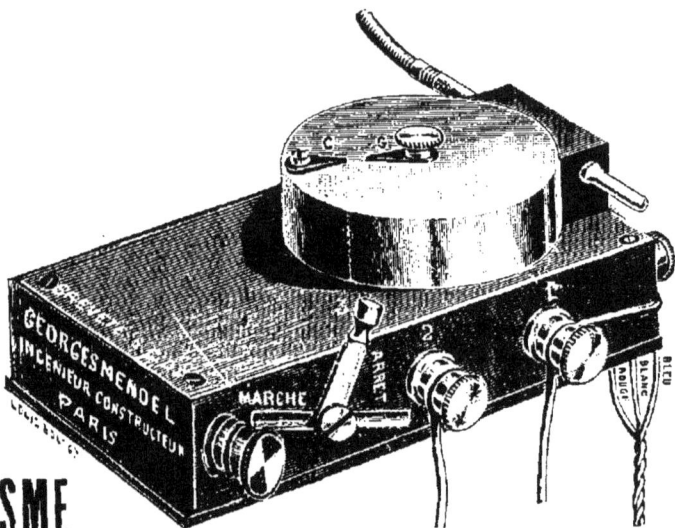

E. HÉBERT

14, Rue Favart, PARIS

Téléphone
LOUVRE 26-53

Adr. Télég.
LITHEB-PARIS

Agent Général des Marques :

LITERARIA-FILMS
ECLECTIC - FILMS
ASTA NIELSEN
SÉRIE ARTISTIQUE RUSSE
TANAGRA de SAINT-PÉTERSBOURG

◇◇◇

Location de Films pour la France
Vente et Concéssion de Films pour l'Étranger

◇◇◇

Spécialité de Films tirés sur Pellicule ininflammable

◇◇◇

SÉANCES PUBLIQUES DE PROJECTION
tous les Mercredis de 2 heures à 6 heures

14, Rue FAVART — PARIS

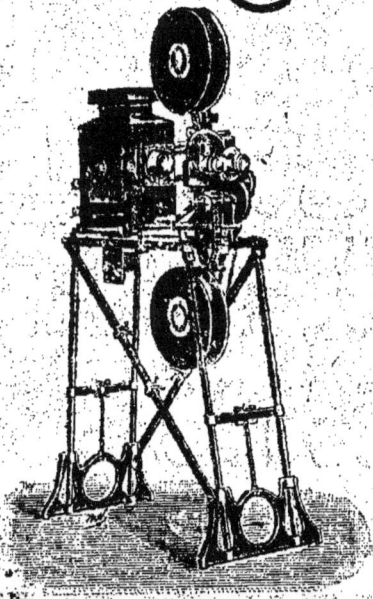